D1923882

Carolin Lüdemann
Kathrin Emely Springer

Das Geheimnis der positiven Ausstrahlung

Sympathisch, souverän und selbstbewusst in sieben Schritten

Haben Sie Fragen an die Autorinnen?
Anregungen zum Buch?
Erfahrungen, die Sie mit anderen teilen möchten?

Nutzen Sie unser Internetforum:
www.mankau-verlag.de/forum

Bibliografische Information der Deutschen Nationalbibliothek
Die Deutsche Nationalbibliothek verzeichnet diese Publikation in der Deutschen Nationalbibliografie; detaillierte bibliografische Daten sind im Internet über http://dnb.d-nb.de abrufbar.

Carolin Lüdemann & Kathrin Emely Springer
Das Geheimnis der positiven Ausstrahlung
Sympathisch, souverän und selbstbewusst in sieben Schritten
1. Auflage 2011
ISBN 978-3-938396-76-6

Mankau Verlag GmbH
Postfach 13 22, 82413 Murnau a. Staffelsee
Im Netz: www.mankau-verlag.de
Internetforum: www.mankau-verlag.de/forum
Internetladen: www.mankau-versand.de

Lektorat: Ulrich Nigge, Lünen
Endkorrektorat: Dr. Thomas Wolf, MetaLexis
Umschlag: Andrea Barth, Guter Punkt GmbH & Co. KG, München, www.guter-punkt.de
Layout Innenteil: Sebastian Herzig, Mankau Verlag GmbH
Fotos Innenteil: Jana Dietz, Natalia Riesterer
Druck: Bercker Graphischer Betrieb GmbH & Co. KG, Kevelaer

Der Inhalt wurde auf 100% Recyclingpapier gedruckt.

Hinweis des Verlags:
Die Informationen und Ratschläge in diesem Buch sind sorgfältig recherchiert und geprüft worden. Dennoch erfolgen alle Angaben ohne Gewähr. Weder Autorinnen noch Verlag können für eventuelle Nachteile oder Schäden, die aus den hier erteilten praktischen Hinweisen resultieren, eine Haftung übernehmen. Die vorgestellten Hilfestellungen und Therapievorschläge sollen den Besuch beim entsprechenden Facharzt, Psychologen oder Heilpraktiker nicht ersetzen, sondern ergänzen.

Inhaltsverzeichnis

Vorwort

Gern werden wir von unseren Klienten gefragt: „Was ist eigentlich Ausstrahlung?“ Und fast noch wichtiger ist die damit verbundene Frage: „Kann man es lernen, eine bessere Ausstrahlung zu entwickeln?“ Unsere Antwort aus jahrelanger Coachingerfahrung lautet: „Ja.“ Man kann die eigene Wirkung auf seine Mitmenschen erhöhen. Und genau dazu raten wir jedem auch dringend. Denn eine gute Ausstrahlung wird automatisch positiven Charaktereigenschaften zugeordnet. Ein Umstand, der sowohl privat als auch beruflich äußerst hilfreich sein kann. Das Gegenteil gilt leider jedoch auch: Begegnen wir beispielsweise einem Menschen, der schlecht gelaunt, geizig und ungeduldig ist, werden wir diesen keinesfalls als sympathisch, attraktiv oder gar als ausstrahlungsstark empfinden. Begegnen wir aber einer fröhlichen, offenen und herzlichen Person, fühlen wir uns in ihrer Gesellschaft wohl, von ihr angezogen und verbringen gern noch mehr Zeit mit ihr. Entgegen vielen Meinungen ist Schönheit nicht der Schlüssel zu einer tollen Ausstrahlung. Ausstrahlung und Schönheit sind zwar eng miteinander verwoben, aber nicht untrennbar miteinander verbunden. Denn überlegen wir: Was ist eigentlich „schön“? Schönheit setzt sich aus verschiedenen Komponenten zusammen: aus Charisma, Authentizität und guten Umgangsformen, einem selbstbewussten Auftreten, einer mitreißenden Fröhlichkeit und vielem mehr. Allesamt Elemente, die man lernen und üben kann. Es geht jedoch nicht darum, bloß einen schönen Schein zu erzeugen. Natürlich sollte auch etwas dahinterstecken. Und darum wollen wir Sie mit diesem Buch dazu ermutigen, sich auf den Weg zu sich selbst zu machen: Erfahren Sie, wie Sie Ihr inneres Licht zum Leuchten bringen und andere in Ihren Bann ziehen.

Kathrin Emely Springer und Carolin Lüdemann

1. Schritt: Erkenne, was Schönheit ist

„Nicht die Schönheit entscheidet, wen wir lieben,
die Liebe entscheidet, wen wir schön finden.“
Sophia Loren (*1934),
italienische Schauspielerin

Schönheit ist subjektiv

Ausstrahlung und Schönheit scheinen auf den ersten Blick untrennbar miteinander verbunden zu sein. Wer schön ist, erzeugt Wirkung auf seine Mitmenschen und hat eine positive Ausstrahlung, so die häufige Vermutung. Also fragen wir uns zunächst einmal: Was ist Schönheit eigentlich? Mit Sicherheit kann gesagt werden: Schönheit ist subjektiv, ist kulturell und geschichtlich geprägt und liegt im Auge des Betrachters. In traditionellen Kulturen etwa, in denen Frauen in erster Linie Hausfrauen und Mütter sind, oder in ärmeren Ländern werden fülligere Frauen als attraktiver eingestuft. In Kulturen, in denen Frauen berufstätig sind, Führungspositionen bekleiden und in denen wirtschaftlicher Wohlstand herrscht, werden dagegen schlanke Figuren bevorzugt.

Was „schön" ist, ist also subjektiv. Und doch haben amerikanische Soziologen herausgefunden: „Schöne leben schöner." Schöne Babys werden nämlich länger angelächelt. Schöne Kinder dürfen mehr spielen und man verzeiht ihnen Blödsinn deutlich rascher. Schöne Schulkinder haben bei gleicher Leistung oft die besseren Noten. Sie haben mehr Freunde und verdienen im Berufsleben sogar mehr Geld: Nach einer englischen Studie bekommen attraktive Männer bis zu 14 Prozent, attraktive Frauen bis zu elf Prozent mehr Gehalt.

Es ist also kein Wunder, dass wir heutzutage immer mehr an unserer äußeren Schönheit feilen und uns von dieser umso mehr Erfolg versprechen. Mit einem attraktiven Äußeren werden unbewusst positive Charaktereigenschaften verbunden. Es gilt die Devise „schön = schlau und nett". Wenn wir einem Menschen das allererste Mal begegnen, gehen wir automatisch und meist unbewusst eine Checkliste durch. Anhand seiner Größe, seines Alters, seiner

Proportionen beurteilen wir seine Attraktivität und seine Gesundheit. Anhand seiner Gestik und Mimik schätzen wir zum Beispiel seine Selbstsicherheit ein. Und anhand seiner Kleidung seine Persönlichkeit oder sogar seinen gesellschaftlichen Status. Da wir solche Rückschlüsse automatisch ziehen, denken wir über unsere Ableitungen nicht weiter nach. Wir sind uns also keineswegs darüber bewusst, dass wir uns von der These „schön = gut" in beachtlichem Maße beeinflussen lassen. Und das wiederum bedeutet, dass wir in jedem Lebensbereich davon betroffen sind:

Politiker erhalten nachweislich mehr Stimmen bei Wahlen, wenn sie als attraktiv eingestuft werden. Eine Untersuchung über die kanadischen Parlamentswahlen offenbarte, dass attraktive Kandidaten mehr als zweieinhalbmal so viele Stimmen erhalten hatten wie unattraktive Kandidaten. Die Wähler jedoch waren sich ihrer Voreingenommenheit nicht bewusst. 73 Prozent der befragten Wähler bestritten heftig, dass ihre Wahlentscheidung irgendetwas mit der äußerlichen Attraktivität des Kandidaten zu tun gehabt hätte; nur 14 Prozent wollten dies prinzipiell nicht ausschließen.

Auch die Rechtssprechung ist nicht gegen die Beeinflussung durch ein anziehendes Äußeres gefeit. In Studien stellte sich heraus, dass attraktiven Angeklagten doppelt so häufig eine Gefängnisstrafe erspart blieb und attraktive Beklagte vor Gericht zu 50 Prozent weniger Schadensersatz verurteilt wurden. Anziehende Menschen erhalten auch eher Hilfe, wenn sie in Not sind.

Attraktive Menschen sind nachweislich überzeugender und erfolgreicher, wenn sie ihre Mitmenschen zu einer Einstellungsänderung bewegen wollen. Erfolgreiche Trickbetrüger sind darum übrigens auch meist attraktiver und anziehender als der Durchschnitt der Bevölkerung.

Ein Ausflug in die Vergangenheit

In Urzeiten war es für uns überlebensnotwendig, sehr schnell eine zutreffende Beurteilung einer fremden Person vornehmen zu können. Schließlich musste man im Handumdrehen einordnen, wer einem mit welchen Absichten gegenüberstand und ob man sich auf Kampf, Flucht oder Harmonie gefasst machen durfte. Was sich über Jahrtausende hinweg entwickelt hat, bekommen wir natürlich nicht so einfach aus unseren Köpfen heraus. Aber auch das Verlangen nach einem makellosen Körper lässt sich mit der Evolution erklären: Schönheit versichert beste Gesundheit, Kraft und gute Gene. Dass wir lange Beine zum Beispiel attraktiv finden, hat einen logischen Ursprung: Wer lange Beine hatte, konnte schneller rennen, weiter wandern und hatte somit bessere Überlebenschancen.

Gehen wir noch einen Schritt weiter: Schönheit gilt nicht nur als Sympathieträger, sondern auch als Garant für Beliebtheit. Wer schön ist, erhält mehr Aufmerksamkeit, ist beliebter und wird eher geliebt. Ein Vorteil muss das nicht unbedingt sein.

Ein Schulkamerad war schon in der Grundschule extrem hübsch. Alle Mädchen schwärmten für ihn. Da er sehr ruhig war, vermuteten alle dahinter ein großes Geheimnis. Tatsächlich jedoch war er einfach nur langweilig. Dies fiel nicht so schnell auf, da seine Mitschülerinnen alle ihre Wünsche und Sehnsüchte auf ihn projizierten. Die meisten gut aussehenden Jugendlichen haben es im Umgang mit Menschen leichter als andere, deshalb sind sie nicht gezwungen, Witz oder Charme zu entwickeln, um auf andere zu wirken.

Jeder von uns weiß, wie gut es tut, für die erbrachten Leistungen gelobt zu werden. Sehen wir uns hierzu ein Beispiel aus dem Berufsleben an. Es gibt leider viele Vorgesetzte, die einen autoritären Führungsstil pflegen und mit ihren Mitarbeitern nach dem Motto „Nicht geschimpft ist genug gelobt" verfahren. Sie sind damit zum Scheitern verurteilt. Beruflicher Erfolg stellt sich immer nur dann ein, wenn Menschen etwas (wie vielleicht Lob und Anerkennung) erreichen möchten – und nicht, wenn ihr Ansinnen die Vermeidung (von Bestrafung, Ärger etc.) ist. Doch manchmal bleibt Anerkennung aus. Mit seltsamen Folgen...

In Seminaren kommt es vor, dass einzelne Teilnehmer – vor allem, wenn sie noch jünger sind – als Unruhestifter auffallen. Sie reden dazwischen, führen separate Gespräche oder reißen laut Witze und lenken die anderen Teilnehmer dadurch vom Thema ab. Wer als Vortragender nun versucht, diese störenden Teilnehmer zu ermahnen, sie um Aufmerksamkeit und Ruhe zu bitten, hat damit oft keinen Erfolg. Die entscheidende Frage ist: Was treibt die Teilnehmer zu ihrer Unruhe? Gehen wir einmal davon aus, dass es sich um einen interessanten Vortrag handelt. Langeweile kann es dann also nicht sein. Unkonzentriertheit? Vielleicht. Aber sehr viel häufiger steht hinter diesem Verhalten der Wunsch nach Aufmerksamkeit. Wenn man das Gefühl hat, dass man keine Anerkennung bekommt, dann holt man sich zumindest Aufmerksamkeit – auch wenn diese nicht positiv ist und (wie in diesem Fall) nur aus Ermahnungen besteht.

Ähnliches gilt für den Fall eines pubertierenden Teenagers. Dieser testet seine Grenzen aus, indem er bei seinen Eltern negativ auffällt. Entziehen die Eltern jetzt dem Teenager Liebe und Aufmerksamkeit, wird sich das negative Verhalten noch verstärken. Denn wenn wir schon nicht geliebt werden – oder zumindest nicht das Gefühl haben, dass wir geliebt werden –, ist der nächste Schritt das Streben nach Aufmerksamkeit. Der Klassenclown zum Beispiel hungert nach nichts anderem als nach Aufmerksamkeit. Er fällt durch seine Scherze auf und bekommt für seine lustige Art dementsprechende Beachtung.

Alles eine Frage der Maße?

Was empfinden wir als besonders sympathisch und ansprechend, wenn wir einem fremden Menschen begegnen. Ist es die – nach westlichen Maßstäben – „perfekte" Schönheit? Nein. Am attraktivsten finden wir erwiesenermaßen das Durchschnittsgesicht. In einer amerikanischen Untersuchung wurden Probanden 100 Fotos mit Gesichtern vorgelegt. Ein Foto davon war so bearbeitet, dass es von allen Gesichtern das am meisten symmetrische war. Ein perfekter Durchschnitt aller Gesichter. Spontan entschieden sich alle Probanten für dieses Gesicht als das angenehmste. Warum das so ist? Beim Übereinanderlegen verschwinden Unregelmäßigkeiten, wie zum Beispiel kleine Hautunreinheiten oder leichte Asymmetrien. Denn gerade die Symmetrie spielt eine große Rolle in der Attraktivität. Gesichter werden als besonders schön empfunden, wenn sie einen hohen Grad an Ordnung und Proportionalität aufweisen. Das Top-Model Claudia Schiffer beispielsweise erreicht bei dieser Vermessung einen unglaublichen Wert von 94 % Symmetrie. Als schön empfunden werden also Gesichter, die symmetrisch und damit besonders gleichmäßig sind.

Frauen werden darüber hinaus als besonders hübsch eingestuft, wenn sie Merkmale des „Kindchenschemas" aufweisen. Dazu gehören ein großer Kopf, eine hohe Stirnregion, große Kulleraugen, eine kleine Nase, ein kleines Kinn und rundliche Wangen. Entspricht das Aussehen einer erwachsenen Frau – zumindest teilweise – diesem „Kindchenschema“, so wird auch das mit positiven Charakterzügen verknüpft: Freundlichkeit, Unschuld, Arglosigkeit, Jugendlichkeit und Gesundheit. Als Prototyp der „Kindfrau“ gilt die junge Brigitte Bardot, die ohne Frage auf Männer besonders attraktiv wirkte. Das „Kindchenschema“ alleine reicht jedoch nicht aus, um maximale Attraktivität zu erreichen. Als unschlagbar attraktiv wirkt demnach eine Kombination aus „Kindchenschema“ und Reifemerkmalen (zum Beispiel hohe, ausgeprägte Wangenknochen, schmale Wangen). Bei Männern hingegen steigert das „Kindchenschema“ die Attraktivität nicht. Die Merkmale von Schutzbedürftigkeit und Sanftheit vertragen sich eben mehr schlecht als recht mit offenbar gewünschter männlicher Stärke und Beschützerinstinkten.

Schönheit im Überfluss

Seit einiger Zeit werden wir mit „schönen Menschen“ geradezu überschwemmt. Von jeder Plakatwand und aus jedem Werbespot lächeln uns makellose Menschen entgegen. Nicht immer sind alle „natürlich“ schön. Erstaunlich häufig wird der Schönheit mit kleinen oder großen kosmetischen Maßnahmen nachgeholfen – häufig schon in jungen Jahren. Wissenschaftler der Universität St. Andrews (England) haben aber herausgefunden, dass sich die Attraktivität von „Durchschnittsgesichtern“ steigern lässt, wenn man minimale Brüche oder Unperfektheiten in das Gesicht zeichnet. So zum Beispiel einen kleinen Leberfleck à la Cindy Crawford, eine kleine Narbe oder etwas größere Augen. Denn Symmetrie unterdrückt Einzigartigkeit. Erst wenn die Symmetrie durch Kleinigkeiten „gestört“ wird, gewinnt ein Gesicht an Individualität und an Ausdrucksstärke.

Lange vor den englischen Wissenschaftlern ahnte das bereits Immanuel Kant, der sagte: „Das Mittelmaß scheint das Grundmaß und die Basis der Schönheit, aber noch lange nicht die Schönheit selbst zu sein, weil zu dieser etwas Charakteristisches erfordert wird." Es ist tatsächlich nicht die Schönheit an sich, die andere begeistert und die fasziniert – es geht vielmehr um eine unverwechselbare, schöne Ausstrahlung. Auch Sie haben bestimmt schon die Erfahrung gemacht, dass Ihnen ein Mensch begegnet, der objektiv gut aussieht, Ihnen aber auf Anhieb äußerst unsympathisch ist. Umgekehrt gibt es Menschen, die keine Models sind, die wir jedoch als interessant und anziehend wahrnehmen. Manchmal stoßen wir auch bei Paaren auf verblüffende Erkenntnisse: Es gibt Beziehungen, in denen der eine Partner ungleich „schöner" ist als der andere. Bei näherem Hinsehen können wir oft feststellen, dass der vermeintlich unattraktivere Partner in Wirklichkeit die interessantere, amüsantere und unterhaltsamere Person ist. Betrachten wir zum Beispiel den irischen Schauspieler und James-Bond-Darsteller Pierce Brosnan. Seine Frau Keely erscheint auf den ersten Blick weniger attraktiv als ihr unstrittig umwerfender Ehemann. Doch führen die beiden seit Jahren eine harmonische Beziehung und Brosnan scheint sich von keiner anderen Frau stärker angezogen zu fühlen. Warum das so ist? Nun, genau wissen wir es nicht – jedoch besitzt seine Frau Keely eine ausgesprochen positive, heitere, gelassene Ausstrahlung, scheint mit sich selbst sehr zufrieden zu sein und darüber hinaus Charaktereigenschaften zu haben, die einem Pierce Brosnan offensichtlich wichtiger sind als Schönheit im klassischen Sinne. Oder nehmen Sie zum Beispiel Lapo Elkann, Fiat-Erbe und Lieblingsenkel von Gianni Agnelli: Auch er ist objektiv keine Schönheit, aber durch sein fröhlich-witziges, überschäumendes Auftreten und seinen Ideenreichtum durchaus anziehend, mitreißend und irgendwie besonders. Das Besondere hatte unter anderem auch Henry Kissinger bemerkt, bei dem Elkann einige Zeit als persönlicher Assistent arbeitete. „Was er in die Hand nimmt, erhält Stil“, schwärmte die italienische Presse und der „Stern“ bezeichnete Elkann im Jahre 2007 gar als „Italiens heimlicher Prinz“. Über seine „nebenberuflichen“ Ambitionen als Sonnenbrillen-Designer sagte Elkann äußerst aufschlussreich: „Meine Produkte sind für Leute, die mit sich zufrieden sind und mit dem, was sie machen. Die selbstbewusst sind und keine Marke brauchen, um selbstbewusst zu sein.“ Besser hätte er nicht in Worte fassen können, worauf es tatsächlich ankommt...

Perfektion macht unsympathisch

„Charme und Perfektion vertragen sich schlecht miteinander. Charme setzt kleine Fehler voraus, die man verdecken möchte.“
Catherine Deneuve (*1943), französische Schauspielerin

Eine Freundin hatte vor vielen Jahren ihre Mitschülerinnen vor Rätsel gestellt: Sie war als Teenager der Schwarm aller Jungen der Schule. Mit langen braunen Haaren, einer schlanken Figur und einem gewinnenden Lächeln gesegnet, war das eigentlich kein Wunder. Leider jedoch war ihre Nase alles andere als klassisch schön. Dennoch tat das ihrer Beliebtheit ganz und gar keinen Abbruch. Alle Mädchen fragten sich verzweifelt: „Warum sie – und nicht ich?“ Aus heutiger Sicht liegt die Antwort auf der Hand: Durch ihr selbstsicheres und fröhliches Wesen verzauberte die Freundin alle Jungs in der Klasse, sodass keiner von ihnen ihren „Makel“ als unpassend oder gar als störend empfand. Wäre die Klassenkameradin jeden Tag vor dem Spiegel gestanden und hätte sich nur auf ihre negativen Seiten konzentriert, wäre sie nie so selbstsicher gewesen. Beispiele hierfür gibt es viele: Auch die Schauspielerin Sarah Jessica Parker ist objektiv gesehen keine vollkommene Schönheit, hat es aber trotzdem geschafft, zur absoluten Fashion- und Stilikone zu avancieren. Man könnte sogar noch einen Schritt weitergehen und sagen, dass es ihr gerade wegen ihres prägnanten Schönheitsmakels gelungen ist, derartig erfolgreich zu werden. Ihr unverkennbares Gesicht wirkt äußerst markant, beinhaltet einen hohen Wiedererkennungsgrad und strahlt schlicht und ergreifend Charakter aus. Und so kommt es, dass selbst diejenigen, die viel „perfekter" sind, wünschten, einmal so „normal" zu sein: Eine Bekannte aus New York hat eine kleine Tochter, die absolut jedem Schönheitsideal entspricht. Sie hat große blaue Kulleraugen, blonde Haare, ein ebenmäßiges Gesicht und ist ein unglaublich hübsches Kind. Seit einiger Zeit ist es ihr größter Wunsch, einmal wie Hannah Montana (alias Miley Cyrus) auszusehen. Nun entspricht die Schauspielerin und Sängerin objektiv gesehen nicht dem perfekten Schönheitsideal. Nichtsdestotrotz übt sie eine magische Anziehungskraft auf das fünfjährige Mädchen aus, weil sie so faszinierend selbstsicher, lustig und freundlich ist. Und das völlig zu Recht!

Warum wirken so viele Menschen nun aber so anziehend auf uns, obwohl sie äußerlich mit Makeln behaftet sind? Die Antwort darauf ist vielfältig: Sie haben Ausstrahlung. Sie haben ein mitreißendes Wesen. Sie sind positiv. Sie sind selbstsicher. Sie sind sich ihrer selbst bewusst. Und sie gehen ihren eigenen Weg. Auf der ewigen Suche nach Anerkennung ist nicht Schönheit das entscheidende Element, sondern Einzigartigkeit, Ausstrahlung und Selbstbewusstsein. Sarah Jessica Parker, Keely Brosnan und Miley Cyrus sind allesamt Frauen, die keine vollkommenen Schönheiten sind, die jedoch dank ihrer charismatischen Art die Herzen der Menschen im Sturm erobern.

Perfektion ist nicht der Schlüssel zum Erfolg. Im Gegenteil: Wer zu perfekt ist, jagt anderen Angst ein. Angst, nicht mithalten zu können und im Vergleich minderwertig zu sein. Angst, nicht dazugehören zu können, weil der Maßstab unerreichbar ist. Letztendlich sind es immer die Ausrutscher und die kleinen Makel, die sympathisch und nahbar machen. Immer vorausgesetzt, Sie gehen selbstsicher damit um!

Ausrutscher machen sympathisch

Eine Klientin erzählte von einem Ausrutscher, der ihr leider immer wieder aufs Neue passierte: Wenn sie zu einem Geburtstag eingeladen war, so gratulierte sie selbstverständlich zuallererst dem Geburtstagskind. Dann jedoch war sie so „drin" im Gratulieren, dass sie stets aus Versehen auch der nächsten Person „Alles Gute zum Geburtstag" wünschte – obwohl dieser Gast keineswegs Geburtstag hatte. Natürlich fiel der Klientin im selben Moment der Fauxpas auf; aber da war die „falsche" Gratulation eben schon ausgesprochen und nicht mehr zurückzuholen. Als sie im Coaching davon erzählte, war ihr der wiederkehrende Patzer immer noch unglaublich peinlich. Auf die Frage, wie sie dann damit umgehe (schließlich hatte sie ja schon Erfahrung mit diesen Fehltritten; sie passierten ihr quasi auf jeder Geburtstagsfeier), gestand sie, dass sie stets mit hochrotem Kopf weiterzöge, ihre Gratulation nicht kommentierte und so tat, als sei nichts gewesen. Folglich richtete sich der andere Gast nach ihr und kommentierte die Gratulation ebenfalls nicht weiter. Schade! Denn diese Situation ist ganz sicher kein Anlass, sich in Grund und Boden zu schämen. Im Gegenteil! Sie ist prädestiniert, um gemeinsam darüber lachen und freundlich in einen Smalltalk einsteigen zu können. Vorausgesetzt, man geht offen und humorvoll mit ihr um. Denn die Klientin selbst war und ist diejenige, die bestimmt, wie sie und andere mit der Situation umgehen: Wenn sie über ihren „Fehltritt" lacht, lachen auch die anderen. Wenn es ihr peinlich ist, ist es das den anderen auch. Schon der Volksmund weiß: Wie es in den Wald hineinschallt, so hallt es heraus.

Wann Schönheit (nicht) weiterhilft

„Charme ist der unsichtbare Teil der Schönheit, ohne den niemand wirklich schön sein kann."
Sophia Loren (* 1934),
italienische Schauspielerin

Attraktivität gilt darum schon ab Kindesbeinen als Erfolgsfaktor – in privater und später auch in beruflicher Hinsicht. Hiermit verbunden wird häufig die an sich logische Annahme, dass adrette Kinder aufgrund positiver Rückmeldungen aus ihrem Umfeld ein besonders ausgeprägtes Selbstbewusstsein aufbauen und damit beste Voraussetzungen für ihr späteres Erwachsenenalter schaffen. Wie das Wort „Selbstbewusstsein" schon sagt: Es bedeutet, sich seiner selbst bewusst zu sein. Vielen gut aussehenden Menschen ist auch bewusst, dass die positive Meinung ihrer Mitmenschen über sie weniger auf ihren Charaktereigenschaften und Fähigkeiten beruht, sondern vielmehr ihrer Attraktivität zu verdanken ist. Genau das macht die Entwicklung eines stabilen Selbstbewusstseins nicht leichter, sondern sogar eher schwieriger.

Eine US-Studie kam zu dem Ergebnis, dass schöne Frauen bei Bewerbungen für traditionelle Männerberufe im Nachteil sind und zum Teil massiv diskriminiert werden. Für ihre Untersuchung legten die Forscher 60 Studenten Fotos von 200 angeblichen Jobsuchenden vor, um über ihre Anstellung in 26 verschiedenen Berufsgruppen zu entscheiden. Das Spektrum der Berufe reichte dabei vom Nachtwächter über den Unterwäscheverkäufer bis zum Baustellenchef und Finanzvorstand. Schöne Frauen hätten von den Testteilnehmern fast nie den Zuschlag für Posten wie Finanzvorstand, Forschungsdirektor, Ingenieur oder Baustellenleiter bekommen, hieß es in der Studie der Universität von Colorado. „In diesen Berufen ist Schönheit wirklich ein Nachteil für eine Frau", so die Forscher. Ein attraktiver Mann werde dagegen bei jeder Art von Stelle bevorzugt. In einem leicht abgewandelten Test wurden den Teilnehmern neben Fotos auch Lebensläufe vorgelegt. Dies änderte die Einschätzung aber nicht. Trotz zusätzlicher Informationen war die äußere Erscheinung maßgeblich relevant.

Die Diplomsoziologin Anke von Rennenkampff hat im Rahmen ihrer Dissertation zum Thema „Bewerbungsfotos" ebenfalls herausgefunden, dass bei der Arbeitssuche nicht nur das Können zählt, sondern ein gewisses Aussehen die Chancen maßgeblich erhöht. Von Rennenkampff kam zu dem Ergebnis, dass „Männlichkeit Trumpf ist", sogar bei Frauen. Weibliche Reize sind demnach auf Bewerbungsfotos, im Vorstellungsgespräch und in allen anderen Bewerbungssituationen fehl am Platz. Wer als Frau mit entsprechend dezentem Make-up, zusammengebundenen Haaren und einem Hosenanzug erscheint, kann damit deutlich besser punkten als mit roten Fingernägeln und einem knappen Minirock. Je weiblicher die Kandidatin auf Bewerbungsfotos wirkte, desto härter wurde auch das Kreuzverhör. Während die Frau mit spitzem Kinn und zurückgekämmten Haar lange über ihre größten Erfolge sprechen durfte, musste die „femininere" Kandidatin ausführlich über ihre Fehler referieren. Umgekehrt galt das übrigens auch bei männlichen Bewerbern. Wenn ein Mann mit längeren Haaren und vollen Gesichtszügen sich auf einen „harten" Job bewarb, musste er sich eher zahlreiche Fragen zu seiner fachlichen Kompetenz gefallen lassen, während der Bewerber mit kantigem Kinn und Kurzhaarschnitt ausführlich über seine Erfolge berichten durfte. Wird dagegen eine kommunikative, zuhörende, vermittelnde Persönlichkeit gesucht, haben feminin wirkende Kandidatinnen und Kandidaten gute Chancen. Davon kann dann auch der Mann mit Pferdeschwanz profitieren...

Einer Bekannten, die äußerst attraktiv wirkt, sehr fröhlich ist und fest im Leben steht, passiert immer wieder das Gleiche. In ihrer Selbstständigkeit ist sie sehr erfolgreich und die Karriereleiter schnell hinaufgeklettert. Hinzu kommt, dass sie hervorragend kocht und gerne Gäste bewirtet. Regelmäßig begegnet sie aber Menschen, die ihr nichts von alldem zutrauen. Diese vermuten auf den ersten Blick, dass sie verwöhnt ist, am liebsten einkaufen geht und weder im Job noch im Haushalt etwas zu leisten vermag. Diese Annahmen hat sie allein ihrem attraktiven Äußeren zu „verdanken".

Warum sich Schönheit nicht unterm Messer erreichen lässt

„Was ich habe, ist Charakter in meinem Gesicht. Es hat mich eine Masse langer Nächte und Drinks gekostet, das hinzukriegen."
Humphrey Bogart (1899 – 1957),
US-amerikanischer Schauspieler

Wer im Gegensatz zu Humphrey Bogart mit seinem Makel hadert, der spielt vielleicht hin und wieder mit dem Gedanken, sein Erspartes in einen Schönheitschirurgen zu investieren. Denn Schönheit wird, wie wir schon beschrieben haben, mit Erfolg gleichgesetzt und in unserer Gesellschaft seit jeher als wichtig empfunden. Jedoch gehen viele Menschen das Thema „Schönheit" nur von außen und deshalb sehr oberflächlich an. Das erwünschte Resultat – nämlich von Menschen geliebt zu werden und beliebter zu sein – wird dadurch häufig verfehlt.

Problematisch sind in diesem Zusammenhang Schönheitsoperationen, die sich eben ausschließlich – das liegt in der Natur der Sache – dem Äußeren eines Menschen widmen. Wer aus der Höckernase ein vollendetes Meisterwerk formen lässt, muss danach nicht automatisch erfolgreicher oder glücklicher werden. Das bedeutet aber nicht, dass Schönheitsoperationen in jedem Fall sinnlos oder gar destruktiv sind. Manch einem kann eine neue Nase ein neues Lebensgefühl geben. Wer sich durch ein körperliches Merkmal unwohl oder gehemmt fühlt, der erfährt durch einen operativen Eingriff manchmal neues Selbstbewusstsein. Dieses neue Selbstbewusstsein unterstützt ihn dabei, sein Leben von nun an aktiver anzugehen. In der Folge wird er positive Erfahrungen machen, seine Mitmenschen leichter ansprechen und tatsächlich größere Beliebtheit erfahren. Auslöser hierfür war jedoch nicht die von nun an perfekte Nase, sondern die neu gewonnene Selbstsicherheit und die damit verbundene positivere Ausstrahlung.

Grundsätzlich läuft man durch Schönheitsoperationen Gefahr, die Gesichtszüge eines Menschen so weit zu verändern, dass sein Aussehen nicht mehr zu seinem „Typ“ passt: Jeder Mensch trägt nach den Lehren der Kinesiologie so genannte Strukturfunktionszeichen im Gesicht, die exakt seinen Charakter widerspiegeln und durch die wir vom ersten Augenblick an für das Unterbewusstsein unserer Mitmenschen erkennbar werden. Ein großer Teil unseres Verhaltens steht uns daher im wahrsten Sinne des Wortes ins Gesicht geschrieben.

Strukturfunktionszeichen sind zum Beispiel:

- *die Nase:* Eine dünne, spitze Nase haben Menschen, die zur Selbstdarstellung neigen und bei denen Gefühlsäußerungen eher selten vorkommen. Eine rundliche, füllige Nase haben Menschen mit intensivem Gefühlsleben, die anderen Menschen mit Wohlwollen, Toleranz und Güte begegnen. Eine dicke Nase haben zumeist sinnliche, introvertierte Menschen, die häufig ziellos und unvernünftig agieren. Eine platte Nase haben oft Menschen, die die Ideen und Ansichten anderer nur schwer tolerieren und akzeptieren können; die jedoch zugleich kraftvoll zupacken können und körperliche Arbeiten vorziehen. Eine lange Nase haben Menschen, die selbstständig sind und die umsichtig denken sowie handeln und die sich durch Großzügigkeit auszeichnen. Eine füllige, faltige Nase haben vorwiegend Menschen, die verschlossen und unsicher oder sehr nachdenklich sind. Eine Stupsnase haben Menschen, die lebensklug sind, die über einen gesunden Menschenverstand verfügen und denen man nur schwer etwas vormachen kann.

- *die Lippen:* Volle Lippen wirken freundlich, liebenswürdig und lassen auf herzliche, mitfühlende und verständnisvolle Menschen schließen, die gefühlsbetont und sinnlich veranlagt sind. Schmale Lippen lassen verhaltene bis verschlossene Menschen vermuten, die in Entscheidungen oftmals schwanken – sie sind jedoch häufig bereit, Verzicht zu üben und können Zugeständnisse machen. Eingekniffene Lippen deuten auf Menschen mit Durchsetzungskraft, Konsequenz und Entschlossenheit hin, die oft unnachgiebig sind und ihren eigenen Weg gehen. Scharf geschnittene Lippen haben häufig sehr intellektuelle Menschen.

- *die Stirnfalten:* Senkrechte Stirnfalten sprechen für Menschen, die andauernde geistige Anstrengungen auf sich nehmen – man nennt diese Falte auch die „Konzentrationsfalte". Waagrechte Stirnfalten deuten auf einen Menschen hin, der seine Umwelt und sein Leben ernst nimmt und nicht leichtfertig agiert. Waagrechte und senkrechte Stirnfalten lassen auf einen Menschen schließen, der oft Probleme hat, die ihm unlösbar erscheinen. Die Mittelfalte zwischen den Augenbrauen lässt darauf schließen, dass es sich um einen Menschen mit originellen Ideen und Fantasie handelt, der aber auch absolut logisch denken und handeln kann.

Werden Strukturfunktionszeichen verändert, entspricht unser Charakter nicht mehr unserem Äußeren. In der Folge werden wir von unseren Mitmenschen falsch wahrgenommen und eingeordnet, was zu fatalen Missverständnissen führen kann. Wir alle haben etwas Besonderes und Außergewöhnliches an uns. Bei dem einen sind es grazile, anmutige Bewegungen, beim anderen Humor und ein mitreißendes Wesen. Nehmen Sie sich zehn Minuten Zeit und besinnen Sie sich auf Ihre ganz eigenen Besonderheiten! Fangen Sie an, diese Besonderheiten zu leben! Jedes Mal, wenn Sie das Gefühl haben, nicht so attraktiv zu sein wie Ihr Gegenüber, richten Sie Ihre

Gedanken wieder auf das, was Sie ganz persönlich besonders ausmacht! Damit lenken Sie die Aufmerksamkeit der anderen auf diese Ihre besonderen und einzigartigen Eigenschaften. Sie werden sehen, wie Ihnen diese Übung schon ein ganz anderes Lebensgefühl vermittelt. Noch einmal, jeder hat etwas Besonderes. Keine zwei Menschen sind gleich. Deshalb ist es ein fataler Fehler, wenn man versucht, Eigenschaften, die einen bei einem anderen faszinieren, zu kopieren oder nachzueifern.

Übung: Probleme weglächeln

Wie wir in diesem Kapitel feststellen konnten, geht es bei Ausstrahlung und Schönheit wesentlich um das eigene Selbstbild. Versuchen Sie daher einmal, anderen Menschen mit Offenheit und einer positiven Einstellung zu begegnen. Beides ist die Grundvoraussetzung dafür, von anderen positiv wahrgenommen zu werden, und damit auch der Grundstein zu einer besseren Ausstrahlung: Nehmen Sie sich eine Woche Zeit und begegnen Sie Kollegen, Vorgesetzten, Familienmitgliedern oder auch Fremden aus vollem Herzen positiv. Lächeln Sie diese an und denken Sie beispielsweise „Ich wünsche dir alles Gute“, „Ich wünsche dir einen schönen Tag“, „Ich weiß, gemeinsam werden wir Probleme lösen“, „Ich wünsche dir viel Erfolg“. Verwenden Sie bei diesen Formulierungen stets das „Du“, da es für das Unterbewusstsein wirkungsvoller und überzeugender ist als die förmliche Anrede per „Sie“. Warten Sie nun einfach ab, welche Reaktionen Sie ernten. Setzen Sie sich dabei keinen begrenzten zeitlichen Horizont. Manche Menschen brauchen länger, um auf Positives zu reagieren!

2. Schritt: Was Sie sympathisch macht

„Die Hauptarbeit eines Anwalts im Prozess besteht darin, die Geschworenen dazu zu bringen, seinen Mandanten sympathisch zu finden.“
Clarence Darrow (1857 – 1938),
US-amerikanischer Rechtsanwalt

Außenwirkung positiv gestalten

Entscheidend ist zu wissen, durch was und wie schnell wir auf unsere Mitmenschen wirken und wie wir unsere Außenwirkung möglichst positiv gestalten können. Diejenigen Menschen, die uns am meisten anziehen, sind Persönlichkeiten mit Charisma. Doch statt der perfekten Nase und des vollkommenen Aussehens zählen vielmehr Elemente wie Authentizität, Fröhlichkeit, Optimismus und Selbstbewusstsein. Charismatische Menschen üben eine magnetische Anziehungskraft auf uns aus und zeichnen sich häufig dadurch aus, dass sie intensiv zuhören, eine bildhafte Sprache sprechen und durchaus auch emotional sein können.

Charisma entwickeln

Das griechische Wort chárisma hat eine religiöse Bedeutung und wurde mit der Fähigkeit verknüpft, andere Menschen zu inspirieren, zu überzeugen und führen zu können. Wer „Chárisma" hatte, war zum Propheten, zum Heiligen oder Helden auserkoren. Oft wird jedoch der Begriff „Charisma" heutzutage unbedacht verwendet. Fragt man andere, wen sie als besonders charismatisch empfinden, so zählen diese vorwiegend Prominente auf und vergessen dabei, dass es auch in ihrem Freundes- und Bekanntenkreis oder im beruflichen Umfeld charismatische Persönlichkeiten gibt. „Charisma" wird also fälschlicherweise oft mit den Schlagworten „bekannt, gut aussehend, erfolgreich" gleichgesetzt.

Es gibt nur Wenige, die sich nicht wünschen, charismatisch zu sein. Mit Charisma wird eine Anziehungskraft und Ausstrahlung verknüpft, der sich niemand entziehen kann. Mal Hand aufs Herz:

Wer möchte nicht gern bleibenden Eindruck bei seinen Mitmenschen hinterlassen? Wer möchte nicht, dass seine Anwesenheit bemerkt wird, anstatt unbemerkt zu bleiben? Wer möchte nicht, dass sich andere auch noch Wochen später an ihn erinnern und ihn auf der Straße wiedererkennen? Umso banger wird den meisten zumute, wenn sie sich die Frage stellen: „Ist Charisma überhaupt erlernbar?" Sehr häufig wird angenommen, dass man das gewisse „Etwas" hat – oder eben nicht. Dass Charisma entweder angeboren ist – oder unerreichbar und für immer verloren. Fälschlicherweise wird hierbei vermutet, dass „Charisma" ein einzelner Aspekt der Persönlichkeit – oder anders gesagt: ein einziger und in sich geschlossener Baustein – ist. Tatsächlich setzt sich der große Baustein „Charisma" aus zahlreichen kleinen Bauklötzen zusammen. Je mehr Bauklötze zusammenkommen und je stärker diese einzelnen Bauklötze ausgeprägt sind, umso prägnanter ist auch die charismatische Ausstrahlung der Person. Letztlich ist Charisma also nicht „von Gott gegeben", sondern nur eine Frage dessen, durch welche Verhaltensweisen man auf seine Mitmenschen wirkt. Charismatisch zu sein bedeutet nichts anderes, als Wirkung zu erzielen!

Charisma hat, wer von seinen Mitmenschen als ausstrahlungsstark wahrgenommen wird. Manchmal bekommen Menschen in unserem Umfeld aber unsere Aufmerksamkeit, obwohl sie uns alles andere als sympathisch sind. Jedoch schaffen sie es, dass wir über sie nachdenken, dass sie Wirkung auf uns haben und manchmal sogar einen unvergesslichen Eindruck hinterlassen. Nehmen wir zum Beispiel Josef Ackermann, den Vorstandsvorsitzenden der Deutschen Bank AG, der nicht bei jedem Menschen gleichermaßen beliebt ist, der aber unstrittig Eindruck hinterlässt. Indem er sehr authentisch wirkt und unbeirrt seinen eigenen Weg geht. So ist er auch gern gesehener Gast in diversen Fernsehsendungen sowie in der Politik und läuft definitiv nicht Gefahr, in Vergessenheit zu geraten.

Oder denken wir an einen Gast, der laut polternd ein Restaurant betritt und sich sicher ist, dass ihm ohnehin die ganze Aufmerksamkeit gebührt. Da er auf diese nicht verzichten kann, sorgt er durch sein egozentrisches Auftreten dafür, dass ihn keiner übersehen und überhören kann. Auf der anderen Seite gibt es Menschen, die eine warme, optimistische Ausstrahlung haben, die rücksichtsvoll sind und dennoch durch eine leise, unaufdringliche Art auffallen und zu denen wir uns unweigerlich hingezogen fühlen. Beide ziehen Aufmerksamkeit auf sich – der eine negativ, der andere im positiven Sinne. Aber nur der eine von beiden hat Charisma...

Charismatische Persönlichkeiten...

- leben Emotionen aus; sie sprechen eine lebendige, bildhafte und emotionale Sprache und verwenden Worte, die auf direktem Wege „zu Herzen" gehen. Sie zeigen Gefühle.
- besitzen soziale Kompetenz; sie können die Gefühle der Mitmenschen lesen und dementsprechend handeln. Sie nehmen auf Ideen, Ideale und Gefühle ihrer Mitmenschen Rücksicht. Sie können gut auf andere zugehen und das Gespräch suchen.
- schaffen keine Distanz zu ihren Mitmenschen.
- sind aktiv und ergreifen Initiative; haben jedoch nicht immerzu das Bedürfnis, im Mittelpunkt zu stehen.
- haben Charakter und ihren eigenen Stil; sie gelten als „Original" mit Ecken und Kanten und sind damit erfolgreich.
- haben eine natürliche Autorität und ein hohes Maß an Selbstvertrauen; sie sind sich ihrer selbst bewusst und treten selbstsicher auf. Sie sind im Einklang mit sich selbst und haben eine „innere Harmonie".
- sind gepflegt und verfügen über gute Umgangsformen.

Sofort mehr Wirkung: Das innere Licht entzünden

Damit man nach außen selbstsicher wirken kann, muss man es im Innern erst einmal sein. Der Grund hierfür ist einfach: Sie können andere nicht von sich überzeugen, wenn Sie nicht von sich selbst überzeugt sind.

Stellen Sie sich einmal einen Bewerber im Vorstellungsgespräch vor, der ständig denkt: „Ich weiß auch nicht, ob ich der richtige Kandidat für die ausgeschriebene Stelle bin." Wie soll es ihm gelingen, sein Gegenüber von den eigenen Fähigkeiten zu überzeugen, wenn er sie selbst nicht kennt oder nicht von seinem Können überzeugt ist? Wie soll er sein Fachwissen selbstsicher präsentieren und formulieren? Richtig: Er kann es nicht. Denn ohne Selbstvertrauen kann man andere nicht von sich überzeugen!

Oder denken Sie an ein kleines Kind auf dem Spielplatz, dem seine Eltern ständig sagen: „Sei vorsichtig, das kannst du nicht. Du fällst hin und dann tust du dir sehr weh." Es ist sehr wahrscheinlich, dass das Kind den anderen Kindern beim Klettern zusieht, statt es selbst zu versuchen.

Selbstbewusstsein hat aber natürlich auch seine Grenzen. Es ist in Ordnung, wenn Sie in stillen Momenten auch Zweifel an sich hegen. Ein gesundes Maß an Selbstreflexion ist Voraussetzung dafür, besser werden zu können. Denken Sie stets daran, dass kein Mensch perfekt ist. Auch nicht derjenige, der auf den ersten Blick danach aussieht. Ein gesunder Geist ist sich seiner selbst bewusst und kennt somit seine Stärken und seine Schwächen. Wir werden auch immer erst dann besser, wenn wir etwas tun, von dem wir nicht sicher sind, ob wir es tatsächlich können. Es hat also keinen Sinn, auf Aufgaben zu warten, die man spielend leicht erledigen könnte und bei denen Erfolg auf ganzer Linie garantiert ist. Um wachsen und sich entwickeln zu können, brauchen wir Herausforderungen – und mit Herausforderungen geht auch immer ein kleines Maß Selbstkritik einher.

Eine Klientin kam vor einiger Zeit sehr verunsichert zum Coaching. Sie war jahrelang zu Hause und wollte in ihren ursprünglichen Beruf wieder einsteigen, in dem sie damals sehr gut war. Aus mangelndem Selbstvertrauen heraus schickte sie noch nicht einmal eine Bewerbung ab. Stets hatte sie das Gefühl, alle anderen seien wesentlich besser als sie. Sie musste erst wieder lernen, an sich und ihre Fähigkeiten zu glauben. Nachdem sie Schritt für Schritt wieder Vertrauen zu sich fasste und sich ihrer Fähigkeiten bewusst war, erhielt sie „durch einen Zufall" ein tolles Angebot, das weitaus besser war als das, was sie sich je erträumt hatte. Seither führt sie ein sehr erfolgreiches Arbeitsleben...

Jede Veränderung beginnt also mit dem Willen, etwas neu zu gestalten. Ihren Willen zur Veränderung haben Sie bereits unter Beweis gestellt, indem Sie sich dieses Buch gekauft haben. Doch nicht nur das – Sie lesen es jetzt und haben damit den ersten Schritt getan. Schon dadurch verändert sich etwas. Sie müssen sich nicht mehr die Frage stellen, wo sie denn eigentlich anfangen sollen, um etwas zu bewegen – Sie befinden sich bereits mittendrin in der gewollten Veränderung: Jetzt müssen aber noch weitere Schritte folgen. Damit Sie diese in die Tat umsetzen können, sollten Sie zunächst in Ihrem Inneren die erste kleine Veränderung spüren, die dann nach „außen" getragen wird. Wir nennen es „das innere Licht entzünden". Und genauso soll es sich auch für Sie anfühlen. Eine wohlige Wärme, ein angenehmes Feuer in Ihrem Inneren, das stetig vor sich hinlodert und niemals erlischt. Was Sie dort spüren, ist Ihre Ausstrahlung, die stets innerlich beginnt, bevor sie nach außen getragen werden kann und dann auch für andere sichtbar wird.

Übung:
So entfachen Sie Ihr inneres Feuer

Bitte schließen Sie Ihre Augen und konzentrieren Sie sich gedanklich auf Ihren Bauchbereich. Stellen Sie sich vor, dass Sie in Ihrem Bauch ein inneres Feuer entfachen oder ein strahlendes inneres Licht entzünden. Malen Sie sich aus, dass dieses Feuer nach außen strahlt, um Sie herum lodert und Sie als leuchtenden Kranz umgibt. Führen Sie diese Übung so oft wie möglich durch – und zwar so lange, bis Sie das Gefühl haben, dass Ihr inneres Licht ohne Ihr aktives Tun von ganz alleine strahlt und niemals erlischt.

Sie kennen doch sicher auch die Situation, dass Sie ein Restaurant besuchen und Ihnen inmitten der zahlreichen Gäste eine Person ins Auge springt, obwohl Sie diese gar nicht kennen. Während Ihres Restaurantbesuches verspüren Sie ständig den Drang, zu dieser Person hinzusehen. Sicherlich haben Sie sich auch schon gefragt, was an manchen Menschen so besonders ist, dass wir sie gern beobachten oder ansehen würden. Der Grund hierfür ist nichts anderes als ein loderndes inneres Feuer, das die Person ausstrahlt und das Sie magisch anzieht. Wir haben eine Freundin, auf die dieses Beispiel exakt zutrifft: Durch ihre positive und lustige Art zieht sie stets die Blicke und die Aufmerksamkeit anderer auf sich. Vor einiger Zeit waren wir in einer größeren Damenrunde mit ihr zum Abendessen im Restaurant, woraufhin eine gesamte Herrenrunde am Nebentisch auf sie aufmerksam wurde. Die Herren waren auf

Anhieb so begeistert von unserer Freundin, dass sie ihr spontan ein Glas Wein ausgegeben haben. Warum es dazu kam? Nun, es ist tatsächlich nicht besonders schwer, eine sympathische Wirkung auf seine Mitmenschen zu erzeugen – solange man fröhlich auftritt, gelassen wirkt und (ob bewusst oder unbewusst) charismatische Wirkung auf andere erzeugt.

Übung:
So werden Sie für andere magnetisch

Um dieses Gefühl des inneren Feuers auf andere zu übertragen, machen Sie die folgende Übung. Finden Sie einen Moment Ruhe, schließen Sie die Augen und zählen Sie leise von zehn auf null herunter. Stellen Sie sich vor, dass aus Ihrem Solarplexus (dieser liegt gut zwei Handbreit mittig über dem Bauchnabel) eine goldfarbene, magnetische Spirale entspringt und diese sich in immer größeren Kreisen auf die Menschen hinbewegt, die Sie anziehen möchten. Stellen Sie sich vor, wie die Magnetwirkung der Spirale immer intensiver wird und diese Ihre Ausstrahlung nach außen trägt. Stellen Sie sich das so lange bildhaft vor, bis Sie einen „Klick" spüren können, der mit dem Andocken eines Segelschiffs an einem Bootssteg vergleichbar ist. Ganz ähnlich docken Sie an die Menschen Ihrer Wahl an und ziehen diese in Ihren Bann. Im Anschluss können Sie die Übung beenden, indem Sie die Augen öffnen. Wir empfehlen, diese Übung einmal am Tag zu wiederholen.

Authentisch sein

Um überhaupt charismatisch sein zu können, muss man authentisch sein. Nur Menschen, die „echt“ sind und als „Original“ gelten, die keine anderen kopieren, können selbstsicher auftreten und andere von sich überzeugen. „Echt kommt weiter“ titelte darum auch das Magazin Focus (Ausgabe 46/2010). Die dahinterstehende These lautet: „Menschen haben Erfolg, wenn sie zu ihrer individuellen Persönlichkeit stehen. Das Geheimnis: Sie sind natürlich, sympathisch – und glaubwürdig.“ Als Beispiele hierfür gelten unter anderem die Eurovision-Song-Contest-Gewinnerin Lena Meyer-Landrut, Altkanzler Helmut Schmidt und die vollschlanke Sängerin Beth Ditto, zu deren Fans sogar Karl Lagerfeld zählt. Alles in allem ist dem Focus-Artikel sicherlich Recht zu geben: Die drei genannten Beispiele zeigen, dass Ausstrahlung individuell ist, und machen deutlich, dass sich dem mitreißenden, dem prinzipientreuen oder dem markanten Charakter niemand entziehen kann. Unabhängig davon, welche Musik man mag, welches Schönheitsideal man bevorzugt oder für welche Partei das eigene Herz schlägt. Denn überlegen wir, was durch diese prominenten Persönlichkeiten verkörpert wird:

- *Lena Meyer-Landrut:* echt und ungekünstelt; gibt sich gegenüber jedermann „gleich“; lebt innere Harmonie nach außen; fröhlich und selbstbewusst; trägt ihr Herz auf der Zunge – sie spricht aus, was sie denkt.

- *Altkanzler Helmut Schmidt:* kantig, prinzipientreu, aber durch und durch „echt“. Auch in der Politik ist Authentizität gefragt, denn nur wer authentisch ist, kann überzeugend auftreten. Altkanzler Helmut Schmidt steht noch hoch in der Gunst, sowohl bei den älteren als auch bei den jüngeren Wählern.

- *Beth Ditto:* steht zu sich und ihren Rundungen; unverwechselbar und „originell“; selbstsicher.

Doch der makellose Promi-Faktor allein scheint heute ausgedient zu haben. Statt der perfekten Heidi Klum schiebt sich nun der übergewichtige Rainer Calmund in der Katjes-Werbung genüsslich Kaubonbons in den Mund. Nicht nur Fernsehzuschauer sind es offensichtlich leid, auf Perfektion statt auf Persönlichkeit getrimmt zu werden, und haben zugleich einen regelrechten Röntgenblick für Authentizität: Als echt wird derjenige empfunden, bei dem verbale und nonverbale Signale übereinstimmen und dem wir darum einfach „abnehmen“, was er uns erzählt. Das gilt selbstverständlich nicht nur im Fernsehen. Authentizität erzeugt immer und überall Vertrauen – und umgekehrt. Als authentisch werden von den meisten Menschen zum Beispiel auch die Schauspieler George Clooney und Leonardo DiCaprio wahrgenommen, weil sie nach ihren eigenen Vorstellungen und Regeln leben. Als „echt“ wird außerdem der ehemalige Tagesthemen-Moderator Ulrich Wickert eingestuft. Er ist, wie er ist, und steht hinter dem, was er tut und sagt. Auch Alice Schwarzer steht für Authentizität pur – sie lebt, was sie denkt. Ebenso ist der Schauspieler Gérard Depardieu eine authentische Persönlichkeit, der von sich selbst sagt, er tue und lasse, was er wolle. Und deshalb schauspielert er nicht nur, sondern baut seit vielen Jahren auch Wein an. Wir unterscheiden jedoch so genannte „Unikate“ von „authentischen Persönlichkeiten“. Unter einem Unikat verstehen wir einen eher amüsanten, witzigen Sonderling. Im Gegensatz zum Unikat wird eine „authentische Persönlichkeit“ jedoch in vollem Umfang ernst genommen, kann daher auch ernste Themen überzeugend besetzen und wird für seine Meinung geachtet. Und wir unterscheiden zum zweiten zwischen „Authentizität“ und „Image“: Nehmen wir beispielsweise die Sängerin Lady Gaga. Würden Sie dieser Dame auf der Straße begegnen, würden Sie sie womöglich nicht einmal erkennen. Weil Sie gar nicht wissen, wie Lady Gaga ohne ihr ständig provozierendes und schillerndes Outfit „in echt“ aussieht. Natürlich ist auch Lady Gaga ein „Original“. Und nur mit dem Singen hätte sie es vielleicht gar nicht geschafft, sich gegen die große Konkurrenz durchzusetzen. Erst die Kombination von schrillem Auftreten und ohrwurmartigem Gesang war unüberseh- und -hörbar und stilisierte sie zu einer Art Musikikone. Obwohl die amerikanische Popsängerin keineswegs angepasst scheint, ist sie es vielleicht aber doch: weil sie mit ihrem Auftreten unsere Sehnsucht nach Authentizität stillt. Und das ist vielleicht gar nicht authentisch, sondern nur Image und Verkaufsstrategie.

In Seminaren und Coachings trainieren wir unsere Teilnehmer auf dem Weg zu mehr Wirkung. Unterstützen wir zum Beispiel jemanden darin, eine mitreißende Rede zu halten und sein Publikum zu begeistern, so meldet derjenige manchmal dann Zweifel an, wenn wir an seinem Auftreten feilen. Er hat Sorge, „danach“ nicht mehr er selbst zu sein. Diese Bedenken sind unberechtigt, denn Authentizität erzeugt (Selbst-)Vertrauen. Verliert man sein echtes Auftreten, kann man auch nicht mehr das Vertrauen seines Publikums gewinnen und wäre damit gescheitert, bevor man überhaupt richtig durchgestartet ist. Das ist natürlich nicht im Interesse des Klienten – und damit auch seiner Trainerinnen. Das Problem liegt woanders: Würden Sie 100-mal die gleiche Rede halten, so sind Sie beim 101. Mal sicher nicht mehr aufgeregt. Sie wissen ganz genau, an welcher Stelle Sie welches Wort sagen wollen, wann Sie welche Anekdote erzählen möchten und wann Sie Ihrem Publikum Raum zum Lachen oder zum Fragen geben müssen. Es wäre für Sie ein Leichtes, diesen Vortrag zu halten. Sie würden sich wohl und sicher fühlen und wären sehr authentisch. Es kann jedoch sein, dass Sie trotz hunderter Übungsdurchläufe des Vortrags immer noch ein sehr schlechter Redner sind. Auch wenn Sie sich sicher fühlen, kann Ihr Publikum aber schon beim zweiten Satz einschlafen. Und dann ist Ihre Sicherheit und Authentizität nicht viel wert. Denn dass am Ende einer der Zuhörer aufsteht und Ihnen sagt, Sie hätten einen tollen Vortrag gehalten, weil Sie so authentisch gewesen seien, ist eher unwahrscheinlich. Manchmal kommen wir also nicht umhin, uns ein Stück weit aus der Sicherheit und aus der Deckung zu wagen, um besser werden zu können. Erst wenn Sie regelmäßig Ihre „Komfortzone" verlassen, etwas anders machen und Neues wagen, können Sie hinzulernen, besser werden und an Souveränität gewinnen.

Authentizität entwickeln

Nehmen Sie ein Thema, das Sie ganz besonders interessiert, und versuchen Sie in den nächsten Tagen, andere Personen von Ihrer Meinung zu überzeugen. Stehen Sie zu dem, was Sie sagen und denken, und beobachten Sie, wie Sie Schritt für Schritt mehr Sicherheit gewinnen.

Obwohl Menschen oft sagen, dass sie unbedingt authentisch bleiben wollen, sind sie es gar nicht immer – oder zumindest nicht auf allen Ebenen. Es gibt durchaus viele Situationen, in denen uns der Mut zur Persönlichkeit und zur eigenen Meinung fehlt.

Menschen sind häufig dann mutig, wenn sie im Verborgenen agieren können und keine Nachteile befürchten. Sobald aber ein Scheinwerferlicht auf sie gerichtet wird, schwinden ihre Überzeugungen oder zumindest die Einsicht, dass man für seine Ansichten eintreten sollte. Darum merken wir uns: Starke Charaktere ziehen oft einsam ihre Bahnen, um anschließend von allen geliebt zu werden. Im schwierigsten Moment werden sie häufig von den Schwächeren allein gelassen. Das bedeutet aber auch: Charakter und Persönlichkeit zeigen sich in Situationen, die schwierig sind und in denen man auf sich allein gestellt ist. Und wir wissen auch: „Charakter" zu haben ist eines von mehreren Merkmalen, die charismatische Menschen oft auszeichnet. Auch wenn sie dafür Nachteile in Kauf nehmen müssen. In diesem Sinne wünschen wir Ihnen „Mut zum Charakter" – und zwar in jeder Lebenslage!

Übung: Starker Charakter – Standfestigkeit beweisen

Nehmen Sie sich eine Person aus Ihrem Umfeld, die es gilt, in einem bestimmten Bereich zu unterstützen. Machen Sie einen Plan, was Sie für diesen Menschen tun können, damit er seine Ziele erreicht. Beginnen Sie nun vorbehaltlos, diese Person in ihrem Vorhaben zu begleiten. Sie werden sehen, der Erfolg wird nicht lange ausbleiben und Sie werden ein positives Feedback erhalten.

Sympathien wecken

Wir finden Menschen sympathisch, die uns ähnlich sind. Und zwar unabhängig davon, ob es sich um Ähnlichkeiten in Charakter, Herkunft, Lebensstil oder Meinungsbildung handelt. Denn Gemeinsamkeiten machen sympathisch und stark. Verkäufer machen sich dieses Prinzip zum Beispiel zu Nutze, wenn sie zwischen sich und ihren Kunden – scheinbar – erstaunliche Parallelen feststellen und sich dadurch die Sympathie und das Kaufinteresse des Gegenübers sichern. In der Neurolinguistischen Programmierung (NLP) nennt man das Pacing: Das bedeutet, sich auf die Ebene des anderen zu begeben und Gemeinsamkeiten zu schaffen. Lassen Sie uns den Effekt an einem Beispiel verdeutlichen: Nehmen wir einmal an, Ihr Name sei „Sabine Müller". Nun bekommen Sie als „Sabine Müller" einen Brief, in dem Sie um eine Spende gebeten werden. Einmal ist der Absender des Briefes ein „Manfred Schmitz", ein anderes Mal kommt die Spendenaufforderung von „Sandra Müller". Wem würden Sie wohl eher Geld spenden? Herrn Schmitz oder Frau Müller? Die Wahrscheinlichkeit, dass Sie Frau Müller Ihre Spende zukommen lassen, ist sehr viel höher. Aufgrund der Namensähnlichkeit ist sie Ihnen schlichtweg sympathischer – obwohl Sie diese Frau Müller persönlich gar nicht kennen...

Ohne Ihrem Gegenüber etwas vorspielen zu wollen: In Gesprächen ist es ratsam und schlichtweg erfolgversprechender, sich mit seinen Mitmenschen über Gemeinsamkeiten und über Positives auszutauschen. Gemeinsamkeiten bestehen zum Beispiel auch darin, dass man zur gleichen Zeit am gleichen Ort weilt, dem gleichen Vortrag lauscht, das gleiche Theaterstück angesehen hat. Bevor Sie sich über Krankheiten oder Katastrophen unterhalten, umgeben Sie sich lieber mit Menschen, die positiv sind und Erfreuliches erzählen, als mit solchen, die schlechte Nachrichten überbringen. Das dahinterstehende Prinzip lautet „Konditionierung". Sie verknüpfen den Charakter eines Menschen mit dem, was er Ihnen erzählt. Fatal dabei: Wir haben oft unbewusst eine Abneigung gegen Menschen, die uns schlechte Nachrichten übermitteln.

Positive und negative Assoziationen

Kaiserliche Boten im alten Persien hatten einen höchst gefährlichen Job: Sie wurden als Militärkuriere eingesetzt. Als solche mussten sie stets hoffen, dass sie eine gute Nachricht – am besten den Sieg Persiens in der jeweiligen Schlacht – in der Tasche trugen. Wenn sie nämlich eine positive Botschaft überbrachten, wurden sie wie Helden gefeiert und mit üppigem Essen und schönen Frauen belohnt. Mussten sie dagegen eine schlechte Nachricht – die Niederlage Persiens – überreichen, wurden sie bei ihrer Ankunft erschlagen.

Das Prinzip der Assoziation steckt übrigens auch in jedem Werbespot, mit dem uns Prominente einen Joghurt schmackhaft machen oder uns zum Erwerb eines stabilen Sofas in ein Möbelhaus locken wollen. So ist es auch zu erklären, warum sich Politiker gern an der Seite der „richtigen" und passenden Prominenz zeigen. Durch die enge Verknüpfung entsteht für uns ganz automatisch ein Zusammenhang. Auch Fußballfans stellen eine Verbindung zwischen sich und ihrem Lieblingsclub her: Gewinnt „ihr" Club, gewinnen sie selbst. Verliert „ihr" Club, verlieren auch sie – und distanzieren sich innerhalb kurzer Zeit von Entscheidungen des Clubmanagements oder pfeifen die Spieler aus. Denn schließlich gehört niemand gern zu den „Verlierern".

Komplimente aussprechen

„Eine Frau ist im Stande, zwei Tage lang von nichts anderem zu leben als von einem hübschen Kompliment", sagte einst die französische Schauspielerin Michèle Morgan (*1920). Machen wir unserem Gegenüber ein Kompliment, so müssen wir uns um seine Zuneigung keine Sorgen mehr machen. Netten Schmeicheleien können wir uns nur sehr schwer entziehen – und zwar ganz unabhängig davon, ob sie stimmen oder ob wir tief in unserem Innersten Zweifel am Wahrheitsgehalt des Kompliments hegen. Ein Experiment zeigte, dass wir auf Lobhudelei regelrecht hilflos reagieren: Teilnehmer einer Studie hörten Kommentare über sich aus dem Mund einer einzigen Person, die wollte, dass die Teilnehmer ihr einen Gefallen tun. Einige der Männer hörten nur positive Kommentare über sich, einige ausschließlich negative und die dritte Gruppe bekam eine Mischung aus „gut" und „schlecht" zu hören – mit interessanten Ergebnissen: In der Gruppe, in der sich die Person nur positiv äußerte, war sie am beliebtesten – obwohl den Männern sehr wohl bewusst war, dass der Schmeichler Hintergedanken hegte und dass die positiven Kommentare zum Teil „an den Haaren herbeigezogen" und wenig glaubwürdig waren. Der positive Kommentar brachte stets gleich viel Sympathie ein; ob er nun stimmte oder nicht...

Wir hoffen doch sehr, dass Sie Ihrem Gegenüber stets irgendetwas Positives abgewinnen können. Wir empfehlen Ihnen daher, das Zitat von Johannes Heesters zu befolgen: „Ein Kompliment ist die charmante Vergrößerung einer kleinen Wahrheit." Über das Knie brechen müssen Sie keine positiven Kommentare. Aber ermutigen Sie sich, den anderen auf etwas Gutes anzusprechen, wenn Ihnen etwas auffällt! Komplimente machen sympathisch und erfreuen das Miteinander!

Übung: Komplimente geben

Verteilen Sie in nächster Zeit ganz bewusst Komplimente an Ihre Mitmenschen. Jede Kleinigkeit kann dabei wichtig sein. Sagen Sie zum Beispiel Ihrer Kollegin, dass sie eine ganz besonders schöne Kette trägt. Äußern Sie, wenn Sie der Meinung sind, dass Freunde oder Partner gute Leistungen erbracht haben. Loben Sie Kinder für deren gutes Benehmen.

3. Schritt: Wie Sie Souveränität entwickeln

„Auch vor 18.000 Menschen spiele ich,
als ob nur einer vor mir säße
und 17.999 hörten zufällig mit.“
Mstislaw Leopoldowitsch Rostropowitsch (1927–2007),
aserbaidschanischer Dirigent und Musiker

Was heißt da „souverän"?

Möchten Sie gern „souverän" sein? Wahrscheinlich werden Sie mit „ja" antworten; Sie wären dabei in bester Gesellschaft – den gleichen Wunsch äußern regelmäßig die Teilnehmer in unseren Coachings. Um Sie dabei unterstützen zu können, „souverän" aufzutreten, müssten wir aber erst einmal wissen, was Sie unter „Souveränität" verstehen. Wir sollten also zunächst Ihr genaues Ziel kennen lernen, bevor wir uns auf die Reise dorthin machen können. Der Begriff „Souveränität" hört sich immer prima an; wenn wir ihn jedoch genauer definieren sollen, wird es aber schon deutlich schwieriger. Klar: Man kennt die Souveränität von Staaten, aber ob man daraus etwas für den „Eigengebrauch" ableiten kann? Es wundert zwar, aber man kann!

Ursprünglich stammt der Begriff Souveränität aus dem Lateinischen und bedeutet „darüber befindlich" und „überlegen" zu sein. Souverän ist, wer eigenständig ist und darum eigene Entscheidungen treffen kann. Grundsätzlich ist also jeder Mensch souverän. Nur treten nicht alle so nach außen hin auf. Und das möchten wir nun ändern!

Studien zufolge beeinflussen die Entscheidungen anderer unser Leben im Verhältnis 1:3. Sie können demnach nicht nur für sich allein entscheiden; jede vierte Entscheidung, die Sie ganz persönlich betrifft, wird durch andere gefällt. Doch die wichtigste Eigenschaft eines jeden ist die, andere von sich überzeugen zu können beziehungsweise andere für sich gewinnen zu können. Dann können Sie die getroffenen Entscheidungen Ihrer Mitmenschen in Ihrem Sinne beeinflussen. Dazu ein paar Beispiele: Wenn es Ihnen im Vorstellungsgespräch nicht gelingt, den Personaler von Ihren Stärken zu überzeugen, bekommen Sie den begehrten Job nicht. Wenn

Sie Ihren Kunden nicht sympathisch sind, bekommen Sie weniger Aufträge – und so weiter und so fort. Wenn Sie dagegen auf Ihre Mitmenschen positiv wirken und diese für sich gewinnen können, tun Sie sich im Leben leichter: Wer souverän auftritt und sich von seiner besten Seite zeigt, dem traut man einfach mehr zu und der bekommt im Leben auch mehr Chancen geboten.

Nonverbal: Ihre Körpersprache

„Was jemand denkt, merkt man weniger
an seinen Ansichten als an seinem Verhalten."
Isaac Bashevis Singer (1904 – 1991),
polnisch-US-amerikanischer Schriftsteller
und Nobelpreisträger für Literatur

Machen wir uns also auf die Suche nach Ihrer besten Seite. Sicher haben Sie schon einmal den Satz gehört: „Wir können nicht nicht kommunizieren." Und das stimmt auch: Auch wenn Sie nichts sagen, treten Sie in den Dialog mit anderen – und zwar durch Ihre Körpersprache. Wichtiges Element für den Dialog mit sich und anderen ist das Bewusstsein, dass wir ständig kommunizieren: zum einen nonverbal durch unsere Körpersprache und zum anderen verbal durch unsere gesprochene Sprache. Körpersprachetrainer gehen sogar noch einen Schritt weiter und vermuten, dass sieben Achtel unserer Kommunikation rein nonverbal, also über körpersprachliche Signale, läuft. Zustimmung, Ablehnung, Enttäuschung oder Begeisterung werden nicht erst durch Worte deutlich, sondern zeigen sich stets auch in unserem Verhalten. Ihr Körper kann Befindlichkeiten signalisieren, lange bevor Sie diese aussprechen. Das Tückische und zugleich Interessante daran ist, dass der Körper stets die Wahrheit spricht: Während Sie Ihre Worte abwägen, abmildern, überdenken können, ist Körpersprache immer ehrlich, echt und wahrhaftig. Als authentisch werden Sie daher nur wahrgenommen, wenn Ihre Worte mit Ihrer Körperhaltung übereinstimmen.

Wie verräterisch Körpersprache sein kann, zeigt das folgende Beispiel: Eine Klientin schien eine äußerst unerschrockene Persönlichkeit zu sein. Sie wagte riskante Brüche im Lebenslauf und traute sich zu, Dinge auszuprobieren, von denen andere nur zu träumen wagten. Sie hatte eine offene Körpersprache, gestikulierte ausgiebig beim Reden und wirkte hierbei sehr selbstsicher. Sobald sie jedoch das Wort weitergab, änderte sich das schlagartig: Wenn sie in eine zuhörende Position wechselte, verschränkte sie plötzlich die Arme vor dem Körper, zog die Schultern hoch und machte einen ablehnenden Einruck. Sie war, das ergab unser Coaching, dem Gesprächspartner gegenüber jedoch keineswegs negativ eingestellt und hatte auch keine Schwierigkeiten damit, „nur" Zuhörerin zu sein. Der Grund für ihren körpersprachlichen „Rückzug" war reine Unsicherheit. Und das verblüffte doch sehr bei einer Person, die auf den ersten Blick ganz und gar nicht unsicher erschien. Doch immer dann, wenn jemand die Wortbeiträge der Klientin kommentierte oder mit ihr diskutierte, schützte sie ihre empfindliche Körpermitte durch die verschränkten Arme und bildete dadurch eine Schutzbarriere vor sich: Hochgezogene Schultern sind ein Zeichen von momentaner Angst und signalisieren ein Gefühl des Bedrohtseins. Offensichtlich hatte die Klientin Angst vor verbaler Zurückweisung und davor, dass ihr Gegenüber ihre Meinung „zerreden" könnte. Dadurch war aufmerksamen Beobachtern natürlich recht schnell klar, dass es sich keineswegs um eine so selbstbewusste Person handelte, wie man zunächst annehmen konnte. Hier beweist das afrikanische Sprichwort „Das, was du tust, schreit so laut, dass ich nicht hören kann, was du sagst" einmal mehr seine Bedeutung.

Wenn wir uns auf den folgenden Seiten mit dem Thema Körpersprache beschäftigen, geht es uns nicht darum, dass Sie anderen „etwas vormachen" sollen. Wir wollen Sie lediglich für Ihre körpersprachliche Wirkung sensibilisieren. Manches Mal teilen wir unserer Umwelt nonverbal – quasi aus Versehen – Dinge mit, die wir ihr mit Worten niemals sagen würden.

Der erste Eindruck zählt

Stellen Sie sich vor, Sie haben einen geschäftlichen Termin in einem Unternehmen. Sie sind knapp in der Zeit – dem Stau unterwegs sei Dank. Nun eilen Sie auf den Haupteingang des Unternehmens zu und öffnen die Eingangstüre. Aus dem Augenwinkel sehen Sie, wie ein weiterer Besucher auf die Türe zueilt. Da Sie jedoch recht spät sind, warten Sie nicht, um diesem Besucher hinter Ihnen die Tür aufzuhalten, sondern lassen sie ins Schloss fallen. Minuten später stellt sich heraus, dass der „eilende Besucher" in Wirklichkeit Ihr Gesprächspartner fürs Meeting ist ...

Ein einziger unglücklicher Moment kann alles andere überstrahlen. Das perfekt sitzende Kostüm, das gewinnende Lächeln, der gepflegte Haarschnitt – all das tritt in den Hintergrund, wenn die erste Aufmerksamkeit einem solchem Fehltritt geopfert wird. Psychologen sprechen hierbei vom Halo-Effekt (halo = engl. Heiligenschein). Alles, was „danach" kommt, erstrahlt entweder im Lichte dieses ersten Eindrucks – oder liegt in seinem Schatten. Interessanterweise sagen die meisten Menschen von sich, dass sie ein gutes Gespür und eine gute Menschenkenntnis besäßen. Das bedeutet aber auch, dass sich die meisten von uns auf den ersten Eindruck verlassen und diesem Glauben schenken – schließlich sind sie ja davon überzeugt, dass ihre Wahrnehmung zutreffend und richtig ist. Es mag zwar sein, dass ein Mensch „auf den zweiten Blick" ganz anders ist – ein zweites Mal sieht aber eben leider kaum jemand hin...

Der erste Eindruck bleibt

Dass der „erste Eindruck bleibt", bestätigte sogar eine Harvard-Studie, in welcher die nonverbalen Aspekte eines guten Unterrichts erforscht werden sollten. Grundlage waren Videos von Dozenten, die während eines Trainingsprogramms in Harvard (USA) aufgenommen worden waren. Außenstehenden wurden diese zehnsekündigen Videos vorgeführt, damit sie die Dozenten allein aufgrund ihrer Gestik und Mimik beurteilten. Die Teilnehmer des Experiments hatten keine Schwierigkeiten, die Dozenten nach dem Zehn-Sekunden-Ausschnitt anhand einer Checkliste mit 15 Eigenschaften zu beurteilen. Als man den Clip auf fünf Sekunden zusammenschnitt, blieb das Ergebnis dasselbe. Ebenfalls dieselbe Beurteilung ergab sich, als der Clip auf zwei Sekunden gekürzt wurde. Diese Blitzbeurteilungen waren überraschenderweise sogar übereinstimmend mit den Beurteilungen, die Studenten nach einem ganzen Semester über diese Dozenten abgegeben hatten...

Nun wäre es zu kurzsichtig, sich durch diese Studie darin bestätigen zu lassen, dass der „erste Eindruck" immer stimmt und rundum zuverlässig ist. Manchmal ist jemand nur mit dem falschen Fuß zuerst aufgestanden und vermittelt uns dadurch einen falschen ersten Eindruck. Die Studie bestätigt jedoch die Vermutung, dass wir nach dem „ersten Eindruck" einfach nicht mehr so genau hinschauen. Diese Einschätzung mag zwar nicht immer zutreffend sein; dennoch vertrauen wir ihr! Machen Sie sich also klar, dass der erste Eindruck den weiteren Umgang untereinander immer beeinflussen wird – ob im Guten oder im Schlechten.

Besonders schwierig wird es, wenn der erste Eindruck das berufliche Fortkommen beeinflusst. Personaler wissen, dass sie sich – wie jedermann – gern vom ersten Bild blenden lassen, und sind daher bemüht, sich von diesem freizumachen. Aus gutem Grund, wie das nachfolgende Beispiel zeigt: An der Universität Toledo (USA) bildete man zwei Studenten sechs Wochen lang in der Durchführung von Vorstellungsgesprächen aus und ließ sie dann Gespräche mit Versuchspersonen durchführen. Die Gespräche dauerten jeweils 15 bis 20 Minuten; danach füllte jeder der beiden Gesprächsleiter einen Fragebogen zur Beurteilung der jeweiligen Person aus. Anhand von Videoaufnahmen der Gespräche sollte nun überprüft werden, ob die Redensart gilt, dass der „Handschlag alles über einen Menschen verrät". Man nahm daher 15-sekündige Videoausschnitte, auf denen der Bewerber anklopft, hereinkommt, den Gesprächspartnern die Hand gibt und sich setzt, und führte diese Videoclips unbeteiligten Dritten vor. Auch hier stimmten die Bewertungen der unabhängigen Beobachter mit denen der Gesprächsleiter überein. Das Fazit: Man muss einen Menschen nicht kennen, um ihn zu kennen oder um zumindest zu glauben, dass man ihn kennt...

Wodurch wirken wir beim ersten Eindruck auf unsere Mitmenschen? Manch einer meint, der erste Eindruck entstehe, wenn wir einige Worte mit unserem Gegenüber wechseln oder wenn wir uns nur gründlich genug in Augenschein nehmen könnten. Da müssen wir Sie leider enttäuschen. Wissenschaftlern zufolge entsteht der erste Eindruck innerhalb von gerade einmal drei Sekunden. Drei Sekunden, die über Gedeih und Verderb entscheiden. Ihnen ist selbstverständlich klar, dass wir innerhalb von dieser kurzen Zeit noch kein besonders geistreiches Wort über die Lippen bringen werden, um das Gegenüber sprachlich in unseren Bann zu ziehen. Es werden also weniger die rhetorischen Kniffe als vielmehr unsere äußere Erscheinung sein, die ins Gewicht fällt und mit der wir beim Gegenüber punkten können. Der erste Eindruck wird demnach nicht durch Worte geprägt, sondern durch nonverbale Signale. Dazu gehören Körpersprache, Gestik, Mimik, aber natürlich auch die Kleidung sowie der Haarschnitt oder der Duft und das Aussehen im Allgemeinen.

Wie aber gelingt es uns, innerhalb von Sekunden einen nachhaltigen Eindruck von jemandem zu gewinnen? Ganz einfach: Menschen denken in Schubladen. Sie verknüpfen mit Schlips und Kragen einen Menschen, der in gehobener Position arbeitet. Sie verbinden mit einer nachlässig gekleideten Person – wie das nachfolgende Beispiel zeigt – zum Beispiel wenig Kaufkraft...

Wenn der erste Eindruck nicht stimmt, kann das peinlich werden...

Eine Porzellanmanufaktur verfügte über verschiedene Ladengeschäfte in ganz Deutschland. So trug es sich zu, dass der Gründer der Manufaktur diese Geschäfte regelmäßig selbst besuchte, um sich davon zu überzeugen, dass diese gut geführt und „in Schuss" waren. Es gehörte zu seiner Leidenschaft, dass er schon seit Jahrzehnten ein- und denselben Trenchcoat trug (am besten, Sie denken jetzt an Inspector Columbo alias Peter Falk, dann wissen Sie ungefähr, was wir meinen). Leider sah man dem Mantel auch an, dass er nicht mehr ganz neu war. Das wiederum führte dazu, dass der vermeintlich „nachlässig gekleidete Herr" in seinen (!) Ladengeschäften von den Verkäuferinnen nicht erkannt und sogar gebeten wurde, das Geschäft zu verlassen. Sie hatten wohl in der Vergangenheit die Erfahrung gemacht, dass Herren im Schlabberlook zum einen nichts kaufen und zum anderen auch noch die anderen Kunden vertreiben...

Eine ganz schön peinliche Geschichte. Aber irgendwie auch verständlich. Man sollte zwar Menschen nicht nach ihrem Aussehen beurteilen, aber irgendwie tun wir es doch! Unsere Lebenserfahrung macht uns klug und so verknüpfen wir mit einem Lächeln einen freundlichen Menschen und mit einem offenen Blick eine interessierte, aufgeschlossene Person. Wir denken in Kategorien, Schubladen oder wie auch immer Sie es nennen möchten. Nicht weiter schlimm – solange Sie bewusst darauf achten, in welchem Fach Sie landen wollen...

Farben erzeugen Wirkung

Mit den Farben, die wir tragen, beeinflussen wir nicht nur unsere Psyche, sondern auch unser Gegenüber. Und so entscheidet auch die Farbe unserer Kleidung darüber, wie wir auf unsere Mitmenschen wirken. Es ist ein himmelweiter Unterschied, ob Sie in einem Aufsehen erregenden roten oder in einem konservativen dunkelblauen Kleid unterwegs sind. Sie können sich bestimmt nur allzu gut vorstellen, wie sich die Blicke oder gar die Kommentare unterscheiden werden. Denn Rot fällt auf: Rot ist selbstbewusst, optimistisch, bestimmt und aufregend. Je nach Farbnuance kann Rot aber auch aggressiv, herrschsüchtig, provozierend oder beherrschend wirken. Dunkelblau dagegen vermittelt Kompetenz und Vertrauenswürdigkeit, wirkt seriös, loyal, versiert, unaufdringlich sowie diplomatisch und ist daher eine perfekte Business-Farbe. Wenn Sie allerdings im privaten Rahmen auffallen möchten, dann schaffen Sie das mit einem dunkelblauen Outfit eher schwerlich. Insbesondere in der Damenwelt beliebt sind Pastelltöne, die dunkle Kleidung sehr schön auflockern. Doch Vorsicht, übertreiben sollten Sie es damit nicht: Eine Klientin beschwerte sich einst, dass sie in ihrem Unternehmen nur mit unwichtigen Diensten beauftragt würde. Sie koche den Kaffee, gehe zur Post, räume das Besprechungszimmer auf... aber an die wichtigen Aufgaben lasse man sie nicht heran. Bei unserem Kennenlernen stellte sich heraus, dass die junge Dame eine Vorliebe für zarte Pastelltöne besaß – diese Vorliebe war so ausgeprägt vorhanden, dass sie Hellblau, Hellrosa und Hellgelb am liebsten von Kopf bis Fuß trug. Und genau hier lag das Problem: Pastelltöne von der Nasen- bis zur Zehenspitze tragen nämlich in allererster Linie Babys und Kleinkinder. In der Folge verknüpfen wir mit Rosa bis Hellblau Sanftheit, Frische, Reinheit, Unbeschwertheit, aber zugleich wenig Selbstbewusstsein und Verletzlichkeit. Wer sich also in der Berufswelt durchsetzen möchte oder allgemein an einem selbstsicheren Auftreten feilt, trägt Pastelltöne am besten nur in Kombination und nur in Maßen. Kommen wir nun zum genauen Gegenteil von Pastelltönen und damit zu Schwarz. Erstaunlicherweise sagen die meisten Menschen, dass Schwarz eine „Farbe“ sei, die man zu jedem Anlass tragen könne. Ganz so einfach ist es nicht – denn man sagt Schwarz eine distanzierende Wirkung nach. Wenn Sie andere Menschen auf Abstand halten und autoritär oder auch sehr elegant wirken möchten, dann treffen Sie mit Schwarz eine gute Wahl. Wenn Sie jedoch anregende Gespräche führen und Kontakte knüpfen wollen, dann ist die dunkelste aller Farben eine äußerst ungünstige Entscheidung. Wir tragen Schwarz zu festlichen Anlässen oder auch zu Beerdigungen und wissen, dass angesehene Berufsgruppen (zum Beispiel Pfarrer, Richter) bei der Ausübung ihres Amtes vorwiegend schwarze

Kleidung tragen. Schwarz kennen wir also unter anderem als eine Farbe der Trauer: So war es in früheren Zeiten üblich, nicht nur auf einer Beerdigung, sondern auch noch im „Trauerjahr" Schwarz zu tragen – man bat dadurch um Rücksichtnahme und Distanz. Doch nicht nur bei traurigen Anlässen ist Schwarz der typische Dresscode: Auf Hochzeiten tragen der Bräutigam und die männlichen Hochzeitsgäste Schwarz, auf Opernpremieren oder Galaveranstaltungen verbreiten schwarze Kleider Eleganz. Die Farbe Schwarz gilt daher als feierlich, stark, würdevoll und distanziert. Wer andere nicht auf Abstand halten möchte, der kombiniert Schwarz am besten mit lebendigen Farben und strahlt dadurch Selbstbewusstsein und Stärke aus.

Tipp: Bestreiten Sie wichtige geschäftliche Termine in dunklen, gedeckten Farben. Das wirkt seriöser. Achten Sie bei der Wahl Ihrer Kleidung auf die Proportionen: Hell tritt hervor, dunkel zurück. Deshalb die Problemzonen immer mit dunkler und matter Kleidung „verhüllen". Helle und glänzende Stoffe weiten die Silhouette optisch und wirken flächiger.

Dress fürs Date

Model Kate Moss sagte in einem Interview, dass sie sich für ein Date eher zurückhaltend kleide. Wer sich zu sehr herausputze, würde Männer verschrecken. Sie setze daher auf schwarze Lederleggings, ein helles Shirt sowie auf einen Blazer. Nun ja, im Prinzip stimmt das schon ... aber zumindest wir haben noch nie von Männern gehört, die Leggings unwiderstehlich finden. Daher ein Appell an alle Single-Frauen: Probieren Sie es besser mit einer Jeans und im Übrigen halten Sie sich an das Motto von Kate Moss: Bleiben Sie Sie selbst.

Ein Blick sagt mehr als tausend Worte

Manchmal sind kleine Dinge schwer. Zum Beispiel ganz allein einen Raum zu betreten, der voll besetzt ist mit unbekannten Menschen. Kein Wunder, dass sich die meisten Hinzukommenden dafür entscheiden, möglichst unauffällig zu agieren. Wenn sie ein Restaurant betreten, dann wenden sie sich direkt an den Kellner, fragen nach ihrer Reservierung und lassen sich zum Tisch begleiten. Erst wenn sie sicher sitzen, wagen sie es, ihre Mitmenschen etwas näher und unauffällig in Augenschein zu nehmen und Umsitzende zu mustern. Nur wenige Menschen beherrschen die Kunst, beim Betreten eines Raums die Blicke auf sich zu ziehen und diese auch aushalten zu können. Ähnliches gilt, wenn ein Redner seine Bühne betritt. Ist Ihnen schon einmal aufgefallen, dass die meisten Menschen sofort loslegen und mit ihrer Rede beginnen? Nur die wirklich souveränen Sprecher können innehalten, sekundenlang schweigend im Rampenlicht verharren und den nonverbalen Kontakt zu ihrem Publikum aufbauen. Denn wenn sie das tun, ist der Effekt unvergleichlich und sehr beeindruckend. Schon bevor der Redner sein erstes Wort gesagt hat, weiß das Publikum, was es zu erwarten hat: Stürzt sich der Redner direkt in seine Ansprache, hat er wahrscheinlich auch im weiteren Verlauf seiner Rede Schwierigkeiten, Blickkontakt und eine echte Verbindung zum Publikum aufzubauen. Seine Worte berühren die Zuhörer nicht – sie fühlen sich nicht angesprochen und auch nicht eingebunden. Gleichzeitig macht der Redende einen nervösen und unsicheren Eindruck. Man vermutet, er wolle seine Ansprache schnell hinter sich bringen, damit er der Bühne rasch entkommen kann. Schweigt er dagegen zunächst einige Sekunden, gibt er seinen Zuhörern die willkommene Gelegenheit, ihn erst einmal ansehen und einschätzen zu können.

Bereichert er sein Schweigen auf der Bühne durch ein Lächeln und durch den Blickkontakt zum Publikum, so entfaltet er unmittelbar eine selbstsichere, strahlende und faszinierende Wirkung. Wer so selbstbewusst auf einer Bühne steht, weiß, was er kann – und aller Wahrscheinlichkeit nach darf sich das Publikum nun auf einen spannenden Vortrag freuen. Auch wenn Sie nicht auf einer Bühne stehen, ist Ihr Blickkontakt ein mächtiges Instrument. Aber gleichzeitig ein Instrument, das Selbstsicherheit erfordert. Denn wer Blickkontakt zu den Anwesenden sucht, der muss auch aushalten können, wenn diese darauf eingehen und den Kontakt erwidern. Kommen wir in diesem Zusammenhang zu unserem oben genannten Restaurant-Beispiel zurück. Es ist verständlich, wenn Sie sich am liebsten schnellstmöglich an ihren Tisch begeben würden, um dann aus der „sicheren Deckung" heraus die Umsitzenden in Augenschein zu nehmen. Aber es ist nicht ausstrahlungsstark, nicht charismatisch, nicht souverän, nicht sympathisch und es wirkt nicht besonders selbstbewusst. Wechseln wir einmal die Perspektive: Welchen Menschen schenken Sie Beachtung, wenn diese ein Lokal betreten? Es sind bestimmt nicht diejenigen, die den Blick auf den Boden heften und mit gesenktem Kopf eintreten. Es sind vielmehr diejenigen, die Sie ansprechen – und zwar auf der nonverbalen Ebene: die den Blick durch den Raum streifen lassen, die eine aufrechte Körperhaltung zeigen, die ein Lächeln auf den Lippen tragen und die dadurch Wirkung erzeugen.

Einfach besser wirken

Mit einfachen Mitteln können Sie mehr Wirkung erzeugen. Wenn Sie das nächste Mal einen Raum betreten, dann überstürzen Sie nichts. Verharren Sie drei bis fünf Sekunden auf der Türschwelle und lassen Sie Ihren Blick ruhig durch den Raum schweifen. Vergessen Sie nicht, dabei ein Lächeln auf den Lippen zu tragen. Sicher wird Ihr Blick vom einen oder anderen Anwesenden bemerkt und aufgenommen. Lassen Sie sich dann nicht bei vielleicht aufkommender Unsicherheit ertappen, indem Sie den Blick senken. Lassen Sie Ihren Blick einfach weiter durch den Raum wandern, bevor Sie ihn länger auf eine bestimmte Person – zum Beispiel Ihre Verabredung oder den Kellner – richten. Lassen Sie nun das Lächeln größer werden und gehen Sie mit ruhigen Schritten auf die Person zu.

Selbstsichere und charismatische Menschen suchen den Blickkontakt zu ihrer Umgebung und sind nicht überrascht, wenn diese den Blickkontakt aufnehmen und erwidern. Sie sind es gewohnt, beachtet zu werden, und gehen ganz selbstverständlich mit dieser Form der Aufmerksamkeit um.

Einen zeitlich länger andauernden Blickkontakt brauchen wir, wenn wir eine Unterhaltung führen. Der Blickkontakt des Zuhörenden bestätigt dem Erzählenden, dass man sich für seine Ausführungen interessiert. Der Erzählende ist dagegen nicht in der Lage, den Blickkontakt zum Zuhörenden permanent aufrechtzuerhalten, und wandert mit seinem Blick im Raum umher. Er lässt Ereignisse vor seinem „inneren Auge" Revue passieren, erinnert sich an etwas, kramt in der Vergangenheit, wirft einen Blick in die Zukunft oder sucht einfach nach den passenden Worten. Wenn der Erzählende „fündig" geworden ist und mit seinem Blick zum Zuhörenden zurückkehrt, erwartet er, dass sein Gegenüber den Augenkontakt erwidern kann. Kann dieser das nicht, entsteht unweigerlich das Gefühl von Desinteresse: Ganz offensichtlich hat der Zuhörende seine Aufmerksamkeit soeben anderen Dingen geschenkt und widmete sich nicht mit voller Konzentration dem Gespräch.

Unangenehm wird es, wenn wir uns von anderen Menschen durch Blicke „gemustert" fühlen. Sicher kennen Sie das seltsame Gefühl, wenn Sie von Mitmenschen bis ins kleinste Detail in Augenschein genommen werden und diese den Blick von den Schuhen bis zu den Haarspitzen wandern lassen. Völlig zu Recht empfinden wir eine solche Musterung als unverschämt. Aber vielleicht hilft es, auch hier den eigenen Blickwinkel zu verändern: Gemustert werden nur Menschen, die auf irgendeine Weise die Aufmerksamkeit auf sich gezogen haben. Wer nicht wahrgenommen und beachtet wird, dem schenkt man konsequenterweise keine ausführlichen Blicke. Wussten Sie außerdem, dass Männer ihren Blick gern auf Vorzüge richten? Anstatt sich dabei ertappt zu fühlen, dass die Schuhe schon ein bisschen abgetragen wirken, sollten Sie in Erwägung ziehen, dass Ihr Gegenüber in Wirklichkeit einen Pluspunkt näher in Augenschein nehmen wollte. Ertappen Sie jemanden beim „Mustern", nehmen Sie es am besten mit Humor und lächeln Sie die betreffende Person selbstsicher an. Sie demonstrieren damit, dass Ihnen der unpassende Blick aufgefallen ist und dieser sie keineswegs aus der Fassung bringt. So eindeutig erwischt wird Ihr Gegenüber weitere Musterungen aller Wahrscheinlichkeit nach unterlassen. Um selbst nicht in Ungnade zu fallen, merken Sie sich: In Augenschein nehmen wir das Gegenüber nur vom Gesicht bis zur Schulterpartie. Alle tiefer gerichteten Blicke sind intimer Natur und gehen uns schlicht und ergreifend rein gar nichts an.

Ein Lächeln macht Freu(n)de

Wer nicht lächelt, dem sagt man nach, er sei unfreundlich oder uninteressiert. Das stimmt so nicht. Wer nicht lächelt, ist oft eher unsicher als übellaunig. Wenn Sie sich gut fühlen und vor Selbstbewusstsein nur so strotzen, dann fällt es Ihnen leicht, den Blickkontakt zu Ihren Mitmenschen zu suchen und ein Lächeln zu schenken. Haben Sie aber stattdessen einen Bad-Hair-Day, sind müde und blass, werden Sie sich womöglich zurückhaltender geben und Smalltalkgesprächen sowie bekannten Gesichtern aus dem Weg gehen. Ihr Ziel lautet: nicht mehr Aufmerksamkeit als unbedingt nötig auf sich zu ziehen. Verunsicherung kann aus den verschiedensten Gründen entstehen: weil man an einem Tag nicht gerade aussieht wie das blühende Leben, weil der Frisör mit der neuen Haarfarbe waghalsig experimentiert hat oder weil man sich generell damit schwertut, auf andere zuzugehen und Unterhaltungen zu führen. Als ausstrahlungsstark und charismatisch empfinden wir jedoch Menschen, wenn sie genau das alles können und tun: wenn sie fröhlich auf andere zugehen und in jeder Situation Anknüpfungspunkte für ein kurzes Gespräch finden. Wenn diese Gespräche enden, bleibt ein angenehmes Gefühl zurück. Ganz einfach deshalb, weil wir gern in der Gesellschaft dieser Menschen sind und jedes Aufeinandertreffen eine kleine Bereicherung darstellt. Glauben Sie jetzt bloß nicht, dass charismatische Menschen ständig einen guten Tag haben und deshalb auch leichter auf andere zugehen können. Dem ist nicht so. Jedermann hat Tage, die schwierig sind und die mehr Kraft kosten. Der Unterschied liegt darin, dass die einen sich dem „schlechten" Tag ergeben und die anderen sich aufmachen, das Beste daraus zu machen. Wenn Sie tatsächlich einen schlechten Tag haben, wird dieser sicher nicht besser, indem Sie ihn selbst auch noch schlechtreden. Sie denken, Sie haben einen miesen Tag? Dann ist es so! Was immer Sie denken, es kommt zu Ihnen zurück. Also überlegen Sie sich gut, worauf Sie sich konzentrieren. Genau genommen kann Ihr Tag nur besser werden, wenn Sie sich so verhalten, als sei dieser bereits phänomenal. Schenken Sie anderen ein Lächeln – und es kommt zu Ihnen zurück.

Hände sprechen Bände

... aber nur, wenn wir die Hände unseres Gegenübers sehen können. Allzu oft werden Hände in Hosentaschen versteckt und entziehen sich damit unseren Blicken. Keine besonders gute Idee, denn in früheren Zeiten war das sogar ein Zeichen von Bedrohung. Konnte man die Hände des anderen nicht gut sehen, deutete das daraufhin, dass der Gegenüber bewaffnet und daher nicht nur „nicht einladend" war, sondern darüber hinaus gefährlich werden konnte ... Heutzutage erwarten wir zwar keinen bewaffneten Angriff, wenn wir die Hände anderer Menschen nicht sehen können. Dennoch ist eine negative Assoziation erhalten geblieben und es gilt: Wer seine Hände nicht zeigt, hat etwas zu verbergen. Merken Sie sich daher: Wollen Sie vertrauenswürdig erscheinen und dem anderen bestätigen, dass Sie mit offenen Karten spielen, so zeigen Sie ihm Ihre Hände. Am besten nicht nur den Handrücken, sondern auch explizit die Handinnenflächen. Diese Geste signalisiert Ehrlichkeit und schafft Vertrauen.

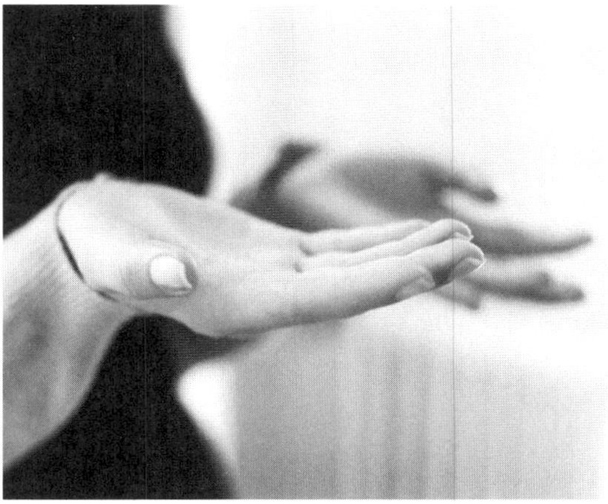

Auch hier gilt die Devise, dass die Haltung der Hände entlarvend sein kann. Zum Beispiel: Sie befinden sich auf einer Veranstaltung und sind dort alleine unter Fremden. Sie stehen mit verschränkten Armen in der Veranstaltungshalle, streben eher die Ecken des Raumes als die Raummitte an und begeben sich in die Rolle eines Beobachters. Sie hoffen in dieser Situation vielleicht, dass Sie jemand anspricht und den Dialog mit Ihnen eröffnet. Ihre Körpersprache wirkt jedoch alles andere als einladend und signalisiert: Bleib mir vom Leib! Achten Sie deshalb generell darauf, dass ...

- Ihre Hände sichtbar sind (Hosentaschen sind tabu!).
- Sie die Arme nicht vor dem Körper verschränken.
- Sie die Hände nicht hinter den Rücken nehmen.
- Sie die Hände sichtbar vor dem Körper lose ineinanderlegen und sich nicht verkrampft „an sich selbst" festhalten. Schauen Sie bei Fernsehmoderatoren einmal darauf, welche Gestik diese vor laufender Kamera einnehmen: Meist spielt sich die Gestik auf Bauchhöhe ab, wobei sich die eine Hand lose in die andere Hand schmiegt. Oftmals halten sich zwei, drei Finger der einen Hand leicht an den Fingerkuppen der anderen Hand fest. Damit werden die Hände zwar vor dem Körper zusammengeführt, aber es entsteht nicht der Eindruck einer verschlossenen, ablehnenden Körperhaltung.

Frauen neigen darüber hinaus dazu, sich an ihren Haaren „festzuhalten". Keine gute Idee! Diese Pose erinnert uns eher an ein Schulmädchen – und damit assoziieren wohl die wenigsten Durchsetzungsvermögen, Überzeugungskraft und ein selbstbewusstes Auftreten.

Generell ist Vorsicht bei Gestik geboten, die im Gesicht stattfindet. Wenn Sie sich zum Beispiel in Verhandlungen am Kinn streicheln, zeigen Sie damit offenkundig Selbstgefälligkeit und wirken nur wenig verhandlungsbereit. Menschen, die einen oder mehrere Finger auf ihre Lippen legen, haben meist etwas zu verbergen. Oftmals werden Informationen zurückgehalten oder man möchte das soeben Gesagte zurücknehmen. Auch Brillenträger sollten darauf achten, dass ihre Gestik sie nicht verrät: Wer sich im Gespräch die Brille auf der Nase hochschiebt, möchte oftmals aus Unsicherheit Zeit gewinnen. Ganz allgemein ist Gestik im Gesicht entlarvend und verdächtig zugleich: Bei kleinen und großen Schwindeleien fassen wir uns nämlich regelmäßig ins Gesicht, um für Ablenkung zu sorgen...

Nicht immer sind Politiker ein gutes Vorbild: Wer im Gespräch seine Hände zu einem Spitzdach à la Angela Merkel formt, wirkt unnahbar, kompromisslos und dominant. Für eine Spitzenpolitikerin sicher oftmals eine passende Körperhaltung – für den Alltag ist sie allerdings weniger tauglich.

Mehr Wirkung durch eine bessere Körpersprache

Überprüfen Sie regelmäßig Ihre Körpersprache und achten Sie darauf, was Sie Ihren Mitmenschen nonverbal mitteilen.

- Nehmen Sie eine offene Körperhaltung ein. Verschränken Sie Ihre Arme niemals vor dem Körper – es sei denn, Sie stehen um Mitternacht allein am Hauptbahnhof und wollen keinesfalls angesehen oder angesprochen werden.
- Lassen Sie nicht zu, dass zwischen Ihnen und Ihrem Gesprächspartner eine Barriere (zum Beispiel Stehtisch, Stuhl etc.) steht.
- Zeigen Sie Ihre Hände bzw. Handinnenflächen. Sie erzeugen dadurch Vertrauen.
- Nehmen Sie einen stabilen, hüftbreiten Stand ein und verteilen Sie das Gewicht auf beide Beine gleichmäßig. Männer widerstehen bitte der Versuchung, mehr Raum für sich in Anspruch zu nehmen. Frauen erinnern sich daran, dass sie sich nicht zu schmal machen. Wer wenig Raum für sich reklamiert, nimmt weniger Macht für sich in Anspruch und wirkt weder selbstsicher noch charismatisch. Wer dagegen zu viel Raum für sich in Anspruch nimmt, drängt andere zurück und sorgt für Unwohlsein beim Gegenüber.
- Strahlen Sie Ruhe und Gelassenheit aus – insbesondere wenn Sie einen Raum betreten. Lassen Sie zu, dass Sie Wirkung erzeugen. Atmen Sie mehrmals tief durch und lassen Sie Ihren Blick durch den Raum wandern.
- Ein Lächeln zeugt von Selbstsicherheit und sprüht vor Fröhlichkeit: Es sagt mehr als tausend Worte.

Die Henne oder das Ei?

Sicher kennen Sie die müßige Frage, wer eigentlich zuerst da war? Die Henne oder das Ei? Eine ähnliche Frage könnten wir aufwerfen: Muss zuerst innere Sicherheit vorhanden sein, damit diese nach außen getragen werden kann – zum Beispiel durch eine selbstsichere Körpersprache? Oder müssen wir zuerst nach außen hin selbstsicher wirken, damit wir innere Sicherheit erfühlen und erfahren können? Sicher ist, dass beides untrennbar miteinander verbunden ist und im Optimalfall beide Faktoren erfüllt sind.

Manchmal kommen wir aber einfach unerwartet in Situationen, in denen wir unsicher sind. Das bedeutet noch lange nicht, dass wir generell unsicher sind. Aber wir sind es in dieser speziellen Situation. Vielleicht ist es ein neuer Job oder eine wichtige Verabredung, in denen wir uns nicht rundum wohlfühlen. Fragen Sie sich in diesen Situationen: Wie würde sich ein Mensch verhalten, der sich sicher fühlt? Wie groß wären seine Schritte? Wie aufrecht seine Körperhaltung? Wie sähe sein sicheres Lächeln aus? Fühlen Sie in Ihrem Inneren dieser Sicherheit nach und schlüpfen Sie in die Haut der selbstsicheren Person. Innerhalb kürzester Zeit werden Sie sich besser und ruhiger fühlen – und denken dann gar nicht mehr darüber nach, wie sich eine selbstbewusste Person fühlen würde. Sie sind es längst schon selbst!

Lassen Sie sich nicht verunsichern

Oftmals denken wir, die Menschen in unserem Umfeld seien „besser" als wir. Kein Wunder: Von uns selbst wissen wir sehr genau um unsere Schwächen, seien sie charakterlicher oder äußerlicher Natur. Von unseren Mitmenschen hingegen wissen wir das nicht. Und so entsteht schnell der Eindruck, die anderen seien schöner, klüger, interessanter, glücklicher, würden in einer harmonischeren Partnerschaft leben, hätten die unkomplizierteren Kinder, den besseren Job und so weiter und so fort. Glauben Sie uns: Dem ist nicht so. Jeder hat sein „Päckchen" zu tragen – auch wenn es auf den ersten Blick nicht so aussieht. Eine Bekannte zum Beispiel ist ein ehemaliges Fotomodel. In ihrer Gegenwart fühlt sich jede Frau wie ein hässliches Entlein. Sie ist superschlank, hat fantastisches Haar, ein perfektes Gesicht und ist auch noch nett. Egal, ob Mann oder Frau – sobald sie in der Nähe ist, wird sie von allen angestarrt. Kürzlich stellte sich dann heraus, dass die Bekannte einige Tage im Krankenhaus verbringen musste. Warum? Sie musste sich einer Schönheitsoperation unterziehen – sie leidet unter schlimmen Krampfadern! Also: Hören Sie auf, sich mit anderen zu messen. Ein objektiver Vergleich ist ohnehin nicht möglich, da sich jeder stets von seiner Sonnenseite zu präsentieren versucht. Und das ist nun mal so, als würden Sie Äpfel mit Birnen vergleichen. Schlicht und ergreifend bedeutet das: Es geht nicht! Und wo wir gerade beim Thema sind: Wenn Sie einmal einen Blick hinter die Kulissen der Modelwelt und in ein ungeschminktes Gesicht werfen wollen, das noch nicht von einem Computer optimiert wurde, dann werden Sie bei „Dove – Die Initiative für wahre Schönheit" fündig. Suchen Sie einfach einmal nach „Dove – Der Film" und staunen Sie... (zu finden auch über YouTube unter „Dove – Evolution Commercial").

Wenn Sprache berührt: So lösen Sie Emotionen aus

„Sag nicht alles, was du weißt, aber wisse immer, was du sagst."
Matthias Claudius (1740–1815),
deutscher Dichter

Die meisten Menschen haben vor dem Tod weniger Angst als davor, einen Vortrag zu halten. Das ergab eine amerikanische Umfrage. Wir alle wissen, warum. Wir alle haben schon einmal einem Redner gelauscht, bei dem uns im zweiten Satz eine bleierne Müdigkeit überkam und dessen Vortrag uns weniger begeistert als vielmehr gelangweilt hat. All diese Redner sind zwar in der Lage, einen korrekten Vortrag zu halten – mehr aber auch nicht. Sie verwenden keineswegs falsche Formulierungen und es mangelt auch nicht an der Vorbereitung – trotzdem gelingt es ihnen nicht, ihre Zuhörer in den Bann zu ziehen. Genau dieses Problem haben oftmals auch Erzähler im privaten Kontext. Der eine kann einen Witz erzählen, bei dem die Zuhörer schon beim dritten Wort vor Lachen unter dem Tisch liegen – der andere nicht. Warum kann der eine Menschen mitreißen – und dem anderen will das einfach nicht gelingen? Die Antwort lautet: Weil nur einer von beiden mit seinen Worten Emotionen auslöst.

Oftmals begegnen sich Menschen in einer digitalen Welt, so zum Beispiel im beruflichen Kontext. Ganz selbstverständlich wird in Abkürzungen miteinander kommuniziert: FYI bedeutet „for your interest/zur Kenntnisnahme" oder FK steht für „Führungskraft". Man wirft um sich mit aneinandergereihten Substantiven wie „Möglichkeiten der Zusammenarbeit auf Führungsebene" oder gibt eine „Übersicht der Mitarbeiterstandards". Gern wird auch mit Fremdworten nachgewürzt. Alle diese Formulierungen mögen praktisch und korrekt sein, aber sie haben keinerlei emotionalen Wert. Wer es nicht schafft, die digitale Sprache für seine Zuhörer ins Bildhafte zu übersetzen, kann mit Worten kein Feuerwerk entzünden. Hierzu ein Beispiel:

Bitte merken Sie sich die nachfolgende Geschichte. Ein Zweibein sitzt auf einem Dreibein und isst ein Einbein. Da kommt ein Vierbein vorbei und schnappt dem Zweibein das Einbein weg. Da nimmt das Zweibein das Dreibein und wirft es nach dem Vierbein. Haben Sie alles verstanden? Könnten Sie die Geschichte sofort weitererzählen? Wenn ja, sind wir voller Bewunderung. Denn in diesem Beispiel haben wir hauptsächlich abstrakte Begriffe benutzt, die Sie kaum bildhaft verknüpfen können und die darum nur schwer zu merken oder gar weiterzuerzählen sind. Wandeln wir den Inhalt bildhaft ab, wird das schon sehr viel leichter: Ein Mann sitzt auf einem Schemel und isst einen Hähnchenschlegel. Da kommt ein Hund vorbei und schnappt dem Mann das Hähnchen weg. Da nimmt der Mann den Schemel und wirft ihn nach dem Hund. Anstatt mit abstrakten Begriffen wie Einbein, Zweibein, Dreibein und Vierbein zu arbeiten, haben wir in Bildern gesprochen. Genau darum können Sie sich diese Geschichte viel, viel besser merken und davon abgesehen macht es auch viel mehr Spaß, ihr zu lauschen.

Wenn Sie möchten, dass Menschen mit Hingabe an Ihren Lippen hängen, dann müssen Sie digitale und analoge (bildhafte) Informationen unter einen Hut bekommen. Nur wenn Sie Ihren Zuhörern abstrakte Begriffe wie „Demokratie“ oder „Führungsebene“ bildhaft vermitteln, will und kann man Ihnen folgen. Dazu ein einfaches Beispiel: Stellen Sie sich vor, Sie möchten einem Kunden erzählen, dass Sie eine neue Mitarbeiterin eingestellt haben. Natürlich können Sie ihm staubtrocken schildern, dass Sie eine Einstellung getätigt haben und ab sofort eine weitere Kundenbetreuerin zur Verfügung steht. Wieder einmal handelt es sich um eine korrekte Information – um mehr aber auch nicht. Wie viel schöner hört es sich an, wenn Sie stattdessen sagen: „Übrigens, Herr Maier, wenn Sie das nächste Mal zum Telefonhörer greifen und unsere Nummer wählen, dann werden Sie direkt mit unserer neuen Kundenbetreuerin Frau Schulze verbunden." Ihr Kunde, Herr Maier, sieht sich jetzt vor seinem geistigen Auge zum Telefonhörer greifen und Ihre Nummer wählen, während alsbald am anderen Ende der Leitung Frau Schulze flötet...

Klar ist, dass kein trockenes Substantiv unsere Vorstellungskraft aktiviert und es darum auch keine Emotionen auslösen kann. Wir sind also schon einen großen Schritt weiter, wenn wir in Bildern sprechen. Nun müssen wir aber noch vom Bild zur Emotion kommen. Emotionen können negativer wie auch positiver Natur sein: Eine Bekannte erzählt mit Vorliebe, wie schrecklich ihre Mitmenschen gekleidet sind, wie betroffen sie von den politischen Entwicklungen ist oder wie grauenhaft ihre Anreise war. Sie entwirft permanent negative Bilder. Im Endergebnis macht es keinen Spaß, Zeit mit ihr zu verbringen. Denn in ihrer Gesellschaft findet sich garantiert immer ein Haar in der Suppe. Statt fröhlichen Beisammenseins entsteht im Handumdrehen eine bedrückende Stimmung. Etwas Vergleichbares konnten wir vor Kurzem in einem Vortrag verfolgen: Ein Redner wollte zu Spenden aufrufen und dafür werben, etwas für andere zu tun. Er erzählte zu Beginn seines Vortrags darum eine tragische und bewegende Geschichte: Auf stürmischer See kenterte ein Schiff und zwölf Menschen gingen über Bord in eiskaltes Wasser. Als Rettung in Form eines Hubschraubers nahte, war nur noch einer der zwölf Schiffbrüchigen in der Lage, das Seil zu fassen und sich in Sicherheit zu bringen. Doch statt sich selbst rettete er die elf anderen Menschenleben, indem er ihnen das Seil umband und sie in den Hubschrauber ziehen ließ. Als er selbst an der Reihe war, war er zu schwach, um sich selbst zu retten, und starb in den reißenden, kalten Fluten. Wir wissen bis heute nicht genau, was uns der Redner mit dieser Geschichte sagen wollte. Wir wissen allerdings, was die Geschichte bei den Zuhörern ausgelöst hat: Traurigkeit, Bestürzung, Mitleid und Hochachtung vor so viel Opferbereitschaft. Alles in allem war die Stimmung im Saal getrübt und man ging in depressiver Stimmung kurze Zeit später nach Hause. Ob die Geschichte dazu geführt hat, dass die Spenden in beträchtliche Höhen schossen oder soziales Engagement gefördert wurde – wir wissen es nicht, es erscheint aber eher unwahrscheinlich. Dabei war die Idee des Redners hervorragend: Er wollte sein Publikum nicht mit Vorhersehbarem langweilen und hatte sich entschlossen, stattdessen in Bildern zu sprechen und Emotionen auszulösen. Da die Geschichte jedoch kaum Anlass zum Fröhlichsein gab, hatte er die Stimmung im Saal innerhalb kürzester Zeit auf den Nullpunkt heruntergefahren. Wir merken uns also: Geschichten lösen Emotionen aus. Darum können wir von ihnen nie genug bekommen. Im Idealfall erzählen wir jedoch von positiven Begebenheiten. Am liebsten teilen wir unsere Zeit nämlich mit Menschen, die optimistisch sind und die uns ein gutes Gefühl geben.

Was einen mitreißenden Redner auszeichnet

Ob Geburtstagsfeier, Weihnachtsfeier oder offizielle Ansprache. Anlässe, in denen eine Rede geschwungen werden kann, gibt es genug. Anbei einige Tipps, wie Sie vor Publikum glänzen:

- Scheuen Sie sich nicht davor, mit einer Anekdote, einer Geschichte oder einem Zitat in eine Rede einzusteigen. Überlegen Sie sich, welche Worte das Publikum von Ihnen erwartet, und geben Sie diese Inhalte auf keinen Fall zu Beginn Ihrer Ansprache zum Besten. So sichern Sie sich vom ersten Moment an die volle Aufmerksamkeit. Manche Redner haben Sorge, dass eine Geschichte zu banal ist. Insbesondere Männer tun sich schwer, sich als „Erzähler" zu sehen. Tatsächlich sind Sie nichts anderes: Sie sind ein Unterhalter, der sein Publikum mit Worten fesseln soll. Geschichten sind bildhaft, wecken Emotionen und sichern gespanntes Interesse.

- Vorbereitung ist alles. Es gibt keine naturbegabten Redner. Es gibt nur geübte Redner. Wollen Sie eine Ansprache halten, so empfehlen wir Ihnen mindestens zehn Probedurchläufe ohne Publikum.

- Zuhörer erfassen nur einen Bruchteil dessen, was Sie sagen. Konzentrieren Sie sich deshalb nicht darauf, perfekt formulierte Sätze abzulesen. Die gesprochene Sprache ist nicht vergleichbar mit der geschriebenen. Abgelesene Reden wirken nicht nur unsicher, sondern auch unpassend in Wortwahl und Grammatik. Notieren Sie sich Stichworte und einen roten Faden, mehr aber auch nicht.

- Lächeln Sie und achten Sie auf eine aufrechte Körperhaltung. Wie würde ein Redner auf der Bühne stehen, den nichts aus der Ruhe bringen kann? Schlüpfen Sie in seine Körperhaltung.

- Nervosität besiegen Sie mit einem einfachen Mittel: Wackeln Sie im Schuh mit Ihren Zehen. Da wir alle als Babys mit den Zehen gewackelt haben, wenn es uns gutging und wir in wohliger Sicherheit weilten, sendet das Zehenwackeln noch heute positive und beruhigende Signale an das Gehirn: Die Nervosität löst sich im Handumdrehen in Luft auf.

4. Schritt: Wie Sie besser wirken und mehr erreichen

„Einen Menschen erkennt man daran, wie er sich benimmt, wenn er sich nicht benehmen muss.“
Dirk Dautzenberg (1921 – 2009),
deutscher Schauspieler und Theaterregisseur

Die gesunde Portion Selbstsicherheit

Menschen beeindrucken uns, wenn sie souverän auftreten und jeder Situation gewachsen sind. Dafür bedarf es zunächst einmal einer gesunden Portion Selbstsicherheit. Nur wer sich seiner Sache „sicher“ ist, kann zwanglos mit anderen plaudern, auf Mitmenschen zugehen und Kontakte knüpfen. Unsicher ist ein Mensch häufig dann, wenn er unwissend ist. Das kann in den verschiedensten Situationen der Fall sein: Sie sollen kurzfristig für einen erkrankten Kollegen einspringen und einen Vortrag halten – haben aber keine Ahnung von der Materie? Sie sind neu in einem Unternehmen und wissen nicht, wie Sie am besten Kontakte knüpfen können? Sie sind zu einem eleganten Abendessen eingeladen und nicht ganz sattelfest in puncto Tischsitten? Diese Unwissenheit macht Sie unsicher. In der Folge werden Sie sich am gedeckten Tisch nicht mehr so zwanglos unterhalten können, weil Sie sich notgedrungen auf Besteck, Teller, Gläser und schwierige Gerichte konzentrieren müssen – und das geht zu Lasten eines netten Smalltalks. Sie werden im neuen Unternehmen mehrfach darüber nachdenken, wie Sie die noch fremden Kollegen ansprechen können – und vielleicht sogar ein paar gute Gelegenheiten aus Unsicherheit verstreichen lassen. Und bei Ihrem Vortrag werden Sie nicht entspannt lächelnd und eloquent vor Ihrem Publikum stehen – ganz im Gegenteil: Wie wir im vorherigen Kapitel bereits erfahren haben, ist Nicht-Lächeln ein typisches Zeichen von Unsicherheit, das jedoch vom Publikum häufig eher als Unfreundlichkeit gedeutet wird.

Als charismatisch und ausstrahlungsstark wird ein Mensch insbesondere dann angesehen, wenn er zwar selbstsicher auftritt, aber keineswegs egoistisch anmutet. Beeindruckende und sympathische

Persönlichkeiten besitzen daher eine ausgeprägte soziale Kompetenz. Sie können die Gefühle ihrer Mitmenschen lesen und dementsprechend handeln. Sie nehmen Rücksicht auf ihr Umfeld. Sie sind aktiv und können auf Gesprächspartner zugehen. Sie suchen den Dialog. Und sie verfügen über gute Umgangsformen, die ihnen in jeder Lebenslage Sicherheit verleihen und die Gewissheit geben, dass sie jeder Situation und jedem Gesprächspartner gewachsen sind.

Der erste Schritt: Wie Sie auf Menschen zugehen und in angenehmer Erinnerung bleiben

Im vorherigen Kapitel haben wir beschrieben, dass wir einen ersten Eindruck von einem Menschen in aller Kürze gewinnen. Kein Wunder: In der Frühzeit der Menschheit war das ein wichtiges Überlebensinstrument. Heutzutage leben wir zwar in einer weniger gefährlichen, dafür aber in einer schnelllebigen, komplizierten und komplexen Welt. Um uns darin zurechtzufinden, brauchen wir Faustregeln und die Möglichkeit, ebenso schnell und direkt reagieren zu können. Wir sind nicht in der Lage, Ereignisse, Menschen und Situationen von langer Hand zu analysieren und zu beurteilen – das würde uns zu viel wertvolle Zeit und Energie kosten. Wir neigen daher zum stereotypen Verhalten und reagieren „automatisch" auf bestimmte Verhaltensauslöser. Nur so ist es zu erklären, dass wir von einem „löchrigen Mantel" auf „geringes Einkommen" schließen. Unsere Erfahrungswerte aus der Vergangenheit helfen uns dabei, eine rasche Einschätzung vorzunehmen und einen schnellen Entschluss zu treffen. Das bedeutet auch, dass innerhalb der ersten Sekunden beim Kennenlernen die Weichen dafür gestellt werden, ob Ihr Gegenüber gern seine Zeit mit Ihnen verbringt – oder nicht.

Wenn Sie Menschen neu kennen lernen, reagieren diese zuverlässig auf Stereotypen. Wer lächelt, ist freundlich. Wer nicht lächelt, ist unfreundlich. Wer ein gepflegtes Erscheinungsbild hat, ist ein angenehmer Zeitgenosse. Wer ein ungepflegtes Erscheinungsbild an den Tag legt, ist ein schwieriger Zeitgenosse. Genau diese Stereotypen können Sie sich natürlich zu Nutze machen und Ihre Wirkung gezielt steuern:

- Lächeln Sie beim Kennenlernen und auch sonst häufiger.

- Halten Sie Blickkontakt zu Ihrem Gegenüber.

- Grüßen Sie Ihre Mitmenschen mit einem Kopfnicken oder einem freundlichen „Guten Tag“ – dies gilt auch dann, wenn Sie nicht beabsichtigen, sich mit ihnen zu unterhalten.

- Warten Sie nicht ab, bis man Sie anspricht. Gehen Sie selbst auf andere zu. Stellen Sie sich vor, indem Sie zum Beispiel sagen: „Guten Abend, ich bin Claudia Schunk und eine Freundin der Gastgeberin. Darf ich mich zu Ihrer Runde gesellen?“ Bei so einer freundlichen Ansprache wird Ihnen niemand die Gesellschaft abschlagen!

- Unterschätzen Sie nicht die Bedeutung des Handreichens. Wer anderen die Hand gibt, stellt für einen kurzen Moment Körperkontakt her und erzeugt dadurch beim Gegenüber Vertrauen. Wer die Handflächen ineinanderlegt, zeigt, dass er nichts zu verbergen hat. Aber Vorsicht: Das Handreichen sollte nicht länger als drei Sekunden andauern. Sonst fühlt sich Ihr Gegenüber wegen übertriebenen Körperkontakts unwohl.

- Achten Sie auf ein gepflegtes Erscheinungsbild. Gewaschene Haare, ein frischer Teint, typgerechte Kleidung, gepflegte Hände und geputzte Schuhe wecken Sympathien. Lassen Sie sich nichts durchgehen: Selbst wenn Sie denken, dass den abgelaufenen Absatz Ihrer Schuhe wohl kaum jemand sehen wird – Sie wissen, dass Sie auf abgetretenen Absätzen unterwegs sind, und das ist mehr als genug. Geben Sie sich nicht damit zufrieden, dass das akzeptabel ist. Zwischen „tadellos“ und „nicht tadellos“ gibt es keine Zwischenschritte. Entscheiden Sie sich: Es geht nur „entweder – oder“.

Dazu eine kleine Anekdote: Ein Geschäftspartner fällt immer wieder dadurch auf, dass er unglaublich höflich und freundlich ist – zu jedermann und ganz ohne Hintergedanken. Ist er zu einem Geschäftsessen verabredet, so grüßt er schon vor dem Restaurant die vor der Tür rauchenden Gäste, obwohl er diese gar nicht kennt. Beim Betreten des Lokals lächelt er den Kellner an und wünscht den Gästen an den anderen Tischen einen „guten Tag“. Wie selbstverständlich beherrscht er gängige Benimmregeln, lässt Damen den Vortritt, rückt Stühle zurecht und hat für jeden ein nettes Wort parat. Die Wirkung seines Auftretens ist unbeschreiblich. Jeder der Anwesenden fühlt sich beglückt durch so viel Aufmerksamkeit und Wertschätzung. So ist es kein Wunder, dass man sich im Handumdrehen von so viel Positivem angesteckt fühlt und man sich immer wieder gern in der Gesellschaft dieses Mannes befindet...

Smalltalk: Gekonnt plaudern

Wenn Sie sich entschlossen haben, auf Ihre Mitmenschen zuzugehen, ist es mit einer Selbstvorstellung allein natürlich noch nicht getan. Wer sich zu einem Gesprächspartner gesellt, kann demjenigen nun nicht die „Arbeit" überlassen und darauf hoffen, dass dieser das Boot namens „Unterhaltung" nun allein steuern wird. Sie müssen schon fleißig mitrudern, damit die Begegnung wirklich erfolgreich verläuft. Gar nicht so einfach, sagen da die meisten Menschen. Aus unseren Seminaren wissen wir, dass die meisten von sich sagen, dass ihnen Smalltalk schwerfällt. Das ist eigentlich auch nicht weiter erstaunlich. Denn schließlich sind solche Gespräche dadurch gekennzeichnet, dass Sie sich mit jemandem unterhalten sollen, den Sie entweder noch gar nicht oder nicht besonders gut kennen. Und da ist es natürlich alles andere als leicht, in ein Gespräch einzusteigen. Im Wesentlichen müssen Sie jedoch nur drei Punkte beherzigen, um ein gekonnter Smalltalker zu werden:

- ***Gemeinsamkeiten machen sympathisch.***
  „Schönes Wetter heute." – „Gefällt Ihnen die Veranstaltung?" – „Wie war Ihre Anreise?"... So oder so ähnlich wagen die meisten Menschen den Einstieg in einen Smalltalk. Wir finden: Kein Wunder, wenn man damit nicht rundum erfolgreich ist. Denn die hier vorgeschlagenen Themen sind Standards und bieten kaum Raum für ein individuelles Gespräch. Man spricht über Wetter, Kultur, ein bisschen über Sport oder Tagesaktuelles und hofft, dass sich daraus ein fließendes Gespräch entwickelt. Das wird jedoch nicht passieren. Denn alle diese Themen haben kaum Gemeinsamkeiten und viel zu wenig logische Verknüpfungen. Wer dagegen vom Standard abweicht und auf ein individuelles Gespräch zusteuert, hat den Vorteil, dass sein Gegenüber garantiert mitreden kann. Und nur dann kann sich ein flüssiges Gespräch ohne unangenehme

Pausen entwickeln. Individuelle Themen finden Sie, wenn Sie im Gespräch die Augen offen halten und sich darauf besinnen, welche Gemeinsamkeiten Sie aufgrund der momentanen Situation mit Ihrem Gesprächspartner haben. So zum Beispiel der Vortrag, die Ausstellung, die Freundschaft zu den Gastgebern, ein Bild, vor dem Sie gerade stehen, der Ort der Veranstaltung, Kinder, Haustiere und so weiter und so fort.

- ***Äußern Sie sich positiv.***
  Ist der Himmel „blau" oder „nicht grau"? Schmeckt das Essen „gar nicht schlecht" oder sogar „richtig lecker"? Wir umgeben uns am liebsten mit Menschen, die positiv sind. Gewöhnen Sie sich also an, das Gute zu sehen und positive Dinge in Gesprächen zu thematisieren. Meiden Sie außerdem konfliktträchtige Themen wie zum Beispiel „Politik". Hier können Meinungen schnell auseinandergehen und eine Grundsatzdiskussion heraufbeschwören. Das wäre dann allerdings kein Smalltalk mehr...

- ***Reden ist Gold, Schweigen ist nicht mal Silber.***
  „Wie geht es dir?" – „Danke, prima, und dir?" – „Auch sehr gut, danke." – Gesprächspause... Das, was Sie zum Gespräch beitragen, bekommen Sie vom Gegenüber zurück. Darum gilt: Lassen Sie keine Gelegenheit verstreichen. Fragt Sie jemand, wie es Ihnen geht, so ist es mit einem einfachen „Danke gut. Und dir?" nicht getan. Holen Sie bei Ihrer Antwort unbedingt weiter aus: Warum geht es Ihnen gut? Kommen Sie gerade aus dem Urlaub? Genießen Sie das Frühlingswetter? Sind Sie befördert worden? Erzählen Sie dem Gegenüber etwas über sich. Nur dann können Sie erwarten, dass auch Sie mehr von Ihrem Gesprächspartner erfahren werden. Haben Sie Ihrerseits vom Skiurlaub erzählt und fragen Sie nun zurück „Und wie geht es dir?", kommen sich die meisten Leute unzureichend vor, wenn sie nur mit einem „Dan-

ke, auch gut" antworten – die Chancen für eine ausführlichere Antwort sind rasant gestiegen. Das ist gut für Sie, denn in der Antwort Ihres Gegenübers lassen sich jetzt neue Anknüpfungspunkte für ein weiteres Gesprächsthema finden. Merken Sie sich: Ein Redebeitrag ist nur dann etwas wert, wenn er mindestens 20 Sekunden lang ist. Eine Obergrenze gibt es allerdings auch: Nach 120 Sekunden alleinigen Redens führen Sie keinen Dialog mehr, sondern nur noch einen Monolog. Versuchen Sie also den goldenen Mittelweg zu beschreiten und jeden eigenen Redebeitrag mindestens 20 und höchstens 120 Sekunden lang zu gestalten. Damit haben Sie beste Aussichten auf ein interessantes und ausgewogenes Gespräch!

Sie erinnern sich? Einige Seiten zuvor haben wir festgestellt, dass charismatische Persönlichkeiten soziale Kompetenz besitzen, die Gefühle ihrer Mitmenschen lesen und darauf Rücksicht nehmen können. Als sozial kompetent gilt, wer über ein hohes Maß an Kommunikationsfähigkeit, Kooperationsfähigkeit, Konfliktfähigkeit, Einfühlungsvermögen (Empathie) und emotionaler Intelligenz verfügt. In kaum einer anderen Situation zeigt sich soziale Kompetenz so gut wie in Gesprächen. Beim Smalltalk ist es unabdingbar, dass Sie auf Äußerungen Ihres Gegenübers eingehen und Gesprächsthemen ansteuern, die diesen interessieren und über die sich der andere gern unterhalten würde. Sie müssen kommunizieren, kooperieren, Konflikten aus dem Weg gehen, empathisch sein und über emotionale Intelligenz verfügen, um dem anderen nicht aus Versehen „auf die Füße" zu treten. Unterschätzen Sie also keinesfalls die Bedeutung dieses „kleinen Gesprächs". Und falls Sie der Meinung sind, dass Sie noch kein hervorragender Smalltalker sind, dann versuchen Sie es einfach. Denn auch hier gilt: Übung macht den Meister!

Reziprozitätsregel: Geben und nehmen

„Bezahle jede Schuld, als schriebe Gott die Rechnung."
Ralph Waldo Emerson (1803 - 1882),
US-amerikanischer Philosoph

Vor einigen Jahren unternahm ein Professor ein kleines Experiment. Er schrieb Weihnachtspostkarten an völlig fremde Leute. Obwohl er natürlich mit ein paar vereinzelten Reaktionen gerechnet hatte, war das Ergebnis letzten Endes doch sehr erstaunlich. Er erhielt nämlich reihenweise Postkarten von Menschen zurück, die ihm noch nie begegnet waren und die ihm ihrerseits ein frohes Fest und ein gesegnetes neues Jahr wünschten. Natürlich fragt man sich, wie das sein konnte? Warum kommen Menschen auf die Idee, einem völlig Fremden eine Weihnachtskarte zurückzusenden? Dahinter steht ein Prinzip, das man die Reziprozitätsregel nennt. Sie besagt, dass wir das dringende Bedürfnis haben, uns für Gefälligkeiten oder Geschenke zu revanchieren. Wir fühlen uns unwohl, wenn wir uns jemandem verpflichtet sehen, und wir sind motiviert, etwas dagegen zu unternehmen. Wir haben den Wunsch, ins Gleichgewicht zu kommen. Bekommen wir von jemandem etwas Gutes getan, so möchten wir Gleiches mit Gleichem vergelten und dem anderen unsererseits etwas zurückgeben.

Haben Sie schon einmal von der „Kette der Freundlichkeiten" gehört? Oprah Winfrey, die Königin der amerikanischen TV-Talkshows, hat sie ins Leben gerufen. Jeder Zuschauer soll einem anderen Menschen – möglichst jemandem, der das nicht erwartet – etwas Gutes tun: Blumen, ein Buch, eine CD oder sonst etwas schenken, einen Besuch machen, einen Einkauf für ihn erledigen, ihn zum Essen einladen oder sich sonst etwas Nettes für ihn einfallen lassen. Je fantasievoller, umso besser. Die einzige Bedingung: Der Beschenkte darf sich nicht bei dem Urheber der Freundlichkeit revanchieren, sondern soll das bei einem anderen Menschen tun. Und dort geht es unter derselben Bedingung weiter... In den Talkshows von Oprah Winfrey erzählten die Leute von den herrlichsten Dingen: von Blumenhändlern, die sich über völlig neue Kunden wunderten, bis hin zu verfeindeten Nachbarn, die sich plötzlich in den Armen lagen. Auch hier steht ein vergleichbares Prinzip dahinter – mit einem Unterschied. Es wurde explizit dazu aufgefordert, dem Schenkenden nichts Gutes zu tun, sondern stattdessen die Kette weiterzuführen.

Auch Sie haben in Ihrem Umfeld bereits Bekanntschaft mit der Reziprozitätsregel gemacht. Zum Beispiel: Wenn Sie Freunde zum Abendessen einladen, dann können Sie Ihre Gäste bitten, dass diese nichts mitbringen sollen. Keine Geschenke, keinen Salat, keinen Nachtisch – es geht ja in erster Linie nur um ein schönes Beisammensein. Was von Ihnen gut gemeint ist, stürzt Ihre Gäste in einen regelrechten Gewissenskonflikt. Ihre Freunde haben das innere Bedürfnis, sich für die Einladung zu „revanchieren" und durch ein Mitbringsel ins Gleichgewicht zu kommen. Dürfen Ihre Gäste nichts mitbringen, fühlen sie sich im Ungleichgewicht. Diesem können sie jetzt nur noch entkommen, indem sie alsbald eine Gegeneinladung aussprechen... In einem Cartoon wurde dieses Prinzip einmal folgendermaßen auf den Punkt gebracht. Ein Mann betrat ein Restaurant und sagte zu der Bedienung: „Ich bin sehr knauserig mit dem Trinkgeld und ich möchte darum von Ihrer unfreundlichen Kellnerin bedient werden, damit ich keine Schuldgefühle bekomme." Auch wenn dieser Satz mit einem Augenzwinkern gemeint war, macht er deutlich, dass wir überall mit der Reziprozitätsregel in Berührung kommen. Leider kann das Prinzip auch missbraucht werden. So wurden zum Beispiel vor nicht allzu langer Zeit Mitglieder einer Sekte wegen „ungenehmigten Spendensammelns" verhaftet. Die Anhänger verkleideten sich als Weihnachtsmänner und drückten Passanten zunächst Zuckerstangen in die Hand, bevor sie diese um eine Gabe baten... Die Reziprozitätsregel entfaltet nämlich auch dann ihre Wirkung, wenn wir nicht darum gebeten haben, dass andere etwas für uns tun. Immer dann, wenn wir etwas bekommen haben, fühlen wir uns zu einer Gegenleistung verpflichtet.

Das bedeutet für Sie: Es lohnt sich, in Vorleistung zu gehen. Wenn Sie geben, werden Sie auch nehmen können. Dabei muss es sich nicht um Geschenke oder Einladungen zum Abendessen handeln. Sie können jemandem auch etwas geben, indem Sie sich mit ihm unterhalten, indem Sie auf jemanden zugehen oder indem Sie jemandem ein Kompliment aussprechen. Es gilt die uralte Regel: Das Gute, das du anderen tust, kommt zu dir zurück. Umgekehrt gilt aber auch die Devise, dass Schlechtes ebenso seinen Weg zurückfindet. Seien Sie positiv, freuen Sie sich mit Ihren Mitmenschen, sprechen Sie freundlich über andere und schenken Sie jeden Tag jemandem Freude.

Knapp daneben ist auch vorbei: Wie Sie mit Fettnäpfchen sympathisch umgehen

Missgeschicke passieren. Und zwar jedem von uns. Kürzlich servierte zum Beispiel eine Bekannte, die von Beruf PR-Beraterin ist, einem Kunden eine Tasse Cappuccino. Der Kunde bedankte sich, wollte besonders charmant sein und sagte: „So eine hübsche Bedienung hätte ich gern öfter." Im gleichen Moment fiel ihm wohl auf, dass diese Bemerkung äußerst fehl am Platze war. Er versuchte also, sich zu retten, und fügte an: „Das war natürlich nicht abwertend gemeint, sondern nur Spaß." Die Bekannte lächelte eisern und widmete sich kommentarlos der anstehenden Besprechung. Der Kunde hatte es schon richtig im Gespür: Seine unbedachte Bemerkung war deplatziert und ehe er sichs versah, war aus der „netten" Bemerkung ein Schuss geworden, der nach hinten losging. Oft treten wir in Fettnäpfchen, wenn wir es ganz besonders gut meinen, und das ist dann natürlich erst recht tragisch. Ein Tipp: Wenn Ihnen eine unpassende Bemerkung über die Lippen gerutscht ist, dann nehmen Sie sich zumindest ein paar Atemzüge Zeit, darüber nachzudenken, wie Sie nun weiter verfahren wollen. Das obige Beispiel des (un-)charmanten Kunden zeigt, dass nachgeschobene Erklärungen die Sache nicht immer besser machen. Manchmal ist die beste Lösung auch die, dass man Gesagtes stehen lässt und sich schleunigst einem anderen Gesprächsthema widmet. Werden Fehltritte erklärt oder entschuldigt, so gibt man ihnen ungewollt noch mehr Raum und manchmal bringt man sein Gegenüber dadurch sogar erst Recht in Verlegenheit... Fettnäpfchen sind kein Weltuntergang, sondern menschlich. Denn auf den vorherigen Seiten haben wir erfahren: Schlimmer als ein Fettnäpfchen ist Perfektion.

Denn Perfektion schafft Distanz und macht schlicht und ergreifend unsympathisch.

5. Schritt: Entwickeln Sie innere Schönheit, die nach außen strahlt

„Die bedeutendste Entdeckung meiner Generation ist die, dass Menschen ihr Leben verändern können, indem sie ihre Geisteshaltung ändern."
William Jones (1753 – 1822),
US-amerikanischer Politiker

Dem Positiven Kraft geben

Je stärker ein Mensch in Kontakt mit seinen innersten Motiven und Bedürfnissen lebt, umso mehr Ausstrahlung besitzt er. Oft begegnen wir Menschen, die uns aus den unterschiedlichsten Gründen faszinieren und anziehen. Wir könnten ihnen stundenlang zuhören, sie beobachten und nicht selten hätten wir gerne auch etwas von ihnen.

Oftmals sind es nicht die Schönsten, die diese Aura haben, sondern einfach Menschen mit Charme und Ausstrahlung. Sie bringen uns zum Lachen, berühren uns, zeigen uns, was es bedeutet, lebendig zu sein. Eine Bekannte, die nicht ganz dem Schönheitsideal entspricht, fasziniert regelmäßig ihr gesamtes Umfeld. Frauen wie auch Männer. Einerseits besitzt sie ein zerbrechliches Äußeres, zum anderen kann sie, wenn es sein muss, sehr direkt werden, ohne Menschen zu verletzen. Die vielen Jahre, die wir uns nun schon kennen, hatte sie wie jeder andere auch viele Höhen und Tiefen bis hin zu richtigen Schicksalsschlägen. In einem jedoch unterscheidet sie sich von den meisten anderen. Sie ist immer positiv! Egal, wie schlimm die Lage auch sein mag. Sie sieht immer die guten Seiten und das, was sie daraus lernen kann. Durch ihre extrem positive Art hat sie es immer wieder geschafft, ihrem Leben eine absolut glückliche Wendung zu geben. Viele, die sie nicht gut kennen, denken, sie habe ihr Leben immer nur auf der Sonnenseite verbracht, weil sie es ausstrahlt. Hier sind wir genau am entscheidenden Punkt: Was ich denke, strahle ich aus, und was ich ausstrahle, ziehe ich an. Das Leben der Bekannten hätte einen völlig anderen Verlauf gehabt, hätte sie sich an bestimmten Punkten ihrem Schicksal ergeben und damit gehadert. Nur ihrem absolut positiven Wesen ist es zu verdanken, dass sie heute selbstständig eine große Zeitung verlegt und ihr privates Glück gefunden hat. Wir alle neigen dazu, wenn uns negative Dinge widerfahren, uns diesen hinzugeben, anstatt uns auf das Positive zu fokussieren. Wir alle haben jeden Tag die Möglichkeit, unser Leben in die eine oder in die andere Richtung zu wenden.

Alle Gedanken haben Kraft. Denken wir zum Beispiel 70 Prozent des Tages destruktiv, so geben wir dem Schlechten Kraft und ziehen es an. Fangen wir hingegen an, das Positive, das wir gerne erreichen möchten, zu visualisieren, und stärken das durch positive Gedanken, so werden Sie merken, dass Sie Schritt für Schritt Gutes anziehen.

Die Welt, an die wir glauben, in der leben wir

Wir kennen einen älteren Herrn, der im Gegensatz zu anderen alles erreicht hat. Er hat Geld, Ansehen und hatte in seinem Leben viele schöne Frauen. Trotzdem ist dieser Mann immer unzufrieden und unglücklich. Geht es um sein Geld, so möchte er mehr. Und seine Außenwelt empfindet er als schlecht. Immerzu hat er Angst, andere könnten ihm etwas wegnehmen. Dies führte dazu, dass er eines Tages sein Haus kaum noch verließ, da die Welt außen ja bedrohlich war. Er schaffte sich durch seine negative innere Welt sein eigenes Gefängnis. Wie Sie sehen, führt alleine Ihre innere Einstellung dazu, ob Sie unglücklich und einsam sind oder ob Sie glücklich und dankbar mit Ihrem Umfeld sind – und dadurch eine positive Ausstrahlung auf andere haben.

Ein positiver Mensch ist wie ein Magnet. Andere Menschen scharen sich oft um ihn und halten sich gerne in seiner Gesellschaft auf.

Im Dialog mit sich selbst

Den ganzen Tag kommunizieren wir mit uns selbst. Alle unsere Gedankengänge sind das Ergebnis unserer inneren Kommunikation. Jeder von uns hat das schon erlebt: an einem bestimmten Tag einfach „mit dem falschen Fuß aufgestanden zu sein". Irgendetwas zu Beginn des Tages läuft gehörig schief und wir gehen davon aus, dass dies einfach nicht „unser Tag ist". Genau aus diesem Grund ziehen wir dann weitere negative Dinge an. Wir sind überzeugt davon, dass dieser Katastrophentag gerade so weitergeht.

Genauso kann es aber umgekehrt sein. Wir gehen aus dem Haus, bekommen ein Kompliment und der Tag startet mit einem Lächeln auf dem Gesicht. Durch unsere gute innere Einstellung strahlen wir Positives aus, was sich in unserer Umwelt widerspiegelt. Die Arbeitskollegen sind plötzlich freundlicher als sonst, wir erreichen geschäftlich Dinge, die wir uns gestern noch nicht zugetraut hätten, und es scheint alles in einem „Flow" zu sein.

Bleiben wir bei dieser positiven Einstellung, auch wenn zwischendurch vielleicht mal eine Kleinigkeit schiefläuft, dann werden wir auf Dauer ein zufriedenes Leben führen. Unsere innere Welt spiegelt sich immer im Äußeren wider. Sind wir glücklich, ziehen wir glückliche und zufriedene Menschen an. Was nicht heißt, dass es nicht immer noch Situationen gibt, in denen wir dazulernen können und die wir meistern müssen.

Ein Beispiel verdeutlicht diese Sichtweise: Ein Freund, der sich gerne von äußeren Bedingungen leiten ließ, begann seinen Tag mit extrem schlechter Laune. Da er früher als sonst einen Termin wahrnehmen musste, verschlafen hatte und beim Verlassen des Hauses durch ein vorbeifahrendes Auto nass gespritzt wurde – es hatte die ganze Nacht in Strömen geregnet –, war ihm klar, dieser Tag konnte nur schlimm werden. Und da er fest davon überzeugt war, kam es genauso. Bereits innerlich wütend, kam er zu seinem ersten Termin – und das auch noch 15 Minuten zu spät. Der Kunde, der sofort die Unkonzentriertheit und die negative Ausstrahlung seines Gegenübers spürte, machte seinem Unmut Luft. Der ohnehin schon entnervte Freund verlor nun auch noch einen wichtigen Auftrag.

Wäre dieser Freund in Ruhe aufgestanden und hätte er seinem Kunden Bescheid gegeben, dass er ein wenig später kommt, dann hätte sich der Tag durchaus positiv entwickeln können. Aber wegen seiner angespannten Stimmung und seines negativen inneren Dialogs hat er selbst zu dieser schlechten Entwicklung beigetragen.

Eine Klientin hingegen, die schon fleißig an sich gearbeitet hatte, bekam unverhofft eine Anfrage einer Bekannten aus Amerika, ob sie bei deren Trauung den Part als Brautjungfer übernehmen wollte. Leider hatte sie zu diesem Zeitpunkt geschäftlich extrem viel zu tun. Anstatt zu resignieren, legte sie sich ganz besonders ins Zeug, um doch noch all ihre Arbeit zu erledigen. Als ihr Chef dies mitbekam, honorierte er ihren Einsatz und gab ihr spontan für diesen Event frei. Nur ihrer positiven und fleißigen Einstellung hatte sie es zu verdanken, dass sie an dem großen Tag ihrer Freundin dabei sein konnte. Hätte sie sich geärgert und entmutigen lassen, wäre sie sicher nicht zu dieser Hochzeitsfeier gekommen.

Übung: Gedankenkontrolle

Bemühen Sie sich eine Woche lang, all Ihre schlechten Gedanken in positive zu verwandeln. Stellen Sie sich vor, Sie hätten jeden Tag einen Korb voller Gedanken zur Verfügung. 50 Prozent positive Gedanken machen Ihr Leben neutral. 100 Prozent positive Gedanken würden Ihr Leben perfekt machen. Wo wollen Sie stehen? Dies schließt mit ein, dass Sie auch allen anderen Menschen Gutes wünschen. Denn nur wer Positives wünscht, bekommt auch Gutes zurück. Beobachten Sie sich selbst und bestimmen Sie, wie viel Gutes sie jeden Tag denken wollen. Überprüfen Sie am Abend, ob Ihnen das gelungen ist. Wenn nicht, kein Problem, ein neuer Tag steht bevor.

Gedanken haben Macht!

Sehr häufig erleben wir es im Coaching, dass Frauen zu uns kommen, die fest davon überzeugt sind, immer den falschen Mann anzuziehen. Die Erklärung fällt leicht: Da sie nichts anderes als exakt diese Annahme ausstrahlen, ziehen sie genau den Anti-Typ Mann auch an. Sogar Filmstars unterliegen dem Gesetz, falsche Menschen anzuziehen, wenn sie nicht positiv genug über sich selbst denken. So zum Beispiel Schauspielerin Jennifer Aniston, auf die nach dem Scheitern ihrer Ehe mit Brad Pitt scheinbar keine große Liebe mehr wartet. Mit Sicherheit hat sie unter der Trennung sehr gelitten, diese hat sie aus dem Gleichgewicht geworfen: Unterbewusst sind vermutlich viele Facetten dieses tragischen Ereignisses noch nicht verarbeitet.

Eine sehr enge Freundin war zu Schulzeiten heimlich in einen Klassenkameraden verliebt. Dieser schien für sie unerreichbar, zumal er sie die ganzen Jahre unaufhörlich ärgerte und foppte. Sie hatte das Gefühl, nicht gut genug für ihn zu sein. Also nahm sie das so hin und trug diesen Eindruck ihr Leben lang mit sich. Nach rund 20 Jahren traf sie den ehemaligen Klassenkameraden durch Zufall wieder. Im Gespräch kam heraus, dass auch er die gesamte Schulzeit für sie geschwärmt und sich nur aus Verlegenheit so merkwürdig benommen hatte. Dies zeigte ihr nach so langer Zeit, dass dies nichts mit ihrer Wertigkeit zu tun hatte. Überprüfen Sie sich also permanent selbst und gewinnen Sie Ihr Selbstbild nicht durch die Einschätzung vonseiten anderer Leute. Hätte die Freundin mehr Selbstbewusstsein gehabt, wäre aus ihr und dem Klassenkameraden ganz bestimmt ein glückliches Paar geworden. Wie Sie sehen, bestimmt unsere Denkweise tatsächlich unser gesamtes Leben.

Gedanken sind Taten

Was immer man denkt, es kommt zu einem zurück. Armut und Reichtum werden im Kopf erzeugt. Auch das eigene Selbstbild entsteht im Kopf. Man ist seines Glückes Schmied; aber eben auch seines Unglückes Schmied. Reichtum wird ganz häufig nur über Äußerlichkeiten wahrgenommen. Tatsächlich ist der entscheidende Punkt innerer Reichtum oder aber im Gegensatz innerer Mangel. Wenn Sie es sich nicht wert sind, reich, schön und beliebt zu sein, kann das im Außenleben auch niemals eintreten. Selbst Menschen, die zu sehr viel Geld kommen, können durch innere Mangelzustände alles wieder verlieren. Das ist sicher auch einer der Gründe, warum 90 Prozent der Lottogewinner nach ein paar Jahren genauso arm sind wie vorher. Wenn Sie es sich nicht wert sind, das Leben Ihrer Träume zu führen, ist das Unterbewusstsein nicht in der Lage, genau das anzuziehen. Die Dinge, die wir leben, werden zu einem großen Teil durch unsere Gefühle gesteuert. Haben wir eine negative Einstellung zu finanziellem Wohlstand und sind der Meinung, dass nur schlechte Menschen reich sind, so werden wir Geld, welches eigentlich neutral ist, nie in unser Leben ziehen.

Übung: Geld ist Geld

Nehmen Sie sich einen Augenblick Zeit und versuchen Sie sich zu erinnern, welche Rolle das Thema Geld in Ihrer Kindheit gespielt hat. Hatten Sie das Gefühl, dass das Leben leicht ist und Spielsachen sowie andere Dinge im Überfluss vorhanden waren? Oder können Sie sich erinnern, dass es zuhause unendlich viele Diskussionen um Mangel an Geld gab? Das können die Situationen sein, die Sie geprägt haben. Wenn man von Kindesbeinen an das Gefühl hat, sich alles schwer erkämpfen zu müssen, dass man es nicht wert ist, ein Leben in Leichtigkeit zu führen, so behält das Unterbewusstsein im Normalfall dieses Muster bei. Beginnen Sie, Ihre innere Einstellung zu Geld zu verändern. Nehmen Sie dieses Thema in Ihr Gedankengut auf. Schließen Sie die Augen, zählen Sie von zehn auf null und stellen Sie sich einen Ort vor, an dem Sie sich vollständig wohl und behütet fühlen. Lassen Sie an diesem Ort eine Quelle fließen, die aus Reichtum besteht. Ihrer Fantasie sind hier keine Grenzen gesetzt. Füllen Sie sich täglich so mit Reichtum auf, dass es nichts gibt, wo Sie noch einen Mangel verspüren. Sagen Sie sich immer wieder: Geld ist weder gut noch schlecht, es ist neutral. Ich habe es verdient, in mein Leben so viel Geld zu ziehen, dass ich im Überfluss leben kann. Sie können diese Übung beliebig lange machen, bis alle Ihre inneren Mangelzustände verschwunden sind und sich Überfluss in Ihrem Leben materialisiert.

Das Unterbewusstsein kann nicht zwischen positiven, negativen, konstruktiven und destruktiven Gedanken unterscheiden und verwirklicht jeden Gedanken zuverlässig. Wenn Sie zum Beispiel denken, dass Sie nicht mehr rauchen wollen, so lautet Ihr konkreter Gedanke vielleicht: „Ich will nicht mehr rauchen." Ihr Unterbewusstsein kann die Negation jedoch nicht verarbeiten und merkt sich die Worte „Ich will mehr rauchen". Das führt natürlich zu einem ungewünschten Endergebnis. Ein solches Gedankengut kann sich auch auf Ihre Umwelt auswirken. Zum Beispiel folgendermaßen: Eine Frau in der Nachbarschaft, die dafür bekannt war, Tiere nicht besonders zu mögen, beschimpfte permanent die Hundehalter in ihrer Umgebung. Selbst als das Nachbarkind einen kleinen Hasen geschenkt bekam, verlieh sie ihrem Unmut darüber lautstark Ausdruck. Das gesamte Umfeld fühlte sich regelrecht tyrannisiert: Alle hatten Angst um ihre Tiere, weil niemand wusste, zu was die Nachbarin im Stande war. Als diese Frau eines Tages mit einer Reisegruppe einen Wanderurlaub machte, begegneten sie am Wege einem freilaufenden Hund. Dieser rannte schnurstracks auf sie zu und biss sie ins Bein. Im ersten Moment waren alle Gruppenteilnehmer darüber erstaunt, wie zielsicher der Hund sein Opfer ausgesucht hatte. Doch mit der Vorgeschichte wissen wir alle, warum dies geschah. Ihre Ausstrahlung war so negativ, dass der Hund die Feindseligkeit spürte und sich in einer Art Reflex gegen sie zur Wehr setzte.

Das Fazit: Der Weg zum Erfolg beginnt mit den richtigen Gedanken. Was man sich vorstellen und an was man glauben kann, das können wir auch erreichen oder es erreicht uns.

Selbstbewusstsein

Selbstbewusstsein hat nichts mit unserem Äußeren zu tun. Wie das Wort schon selbst erklärt, bedeutet es, sich seiner selbst bewusst zu sein. Das heißt, seine Stärken zu kennen und zu fördern sowie sich auch seiner Schwächen bewusst zu sein, mit diesen entspannt umgehen zu können und auch einmal über sich selbst zu lächeln. Manch einer wird jetzt denken, das ist ja leichter gesagt als getan. Wie soll man eine gesamte Denkweise einfach ins Positive kehren? Ganz einfach – indem Sie Schritt für Schritt beginnen. Wie schon im ersten Teil des Buches beschrieben, ist es wichtig, dass Sie sich ein bisschen Zeit für sich selbst nehmen. Und Ihren Fokus einmal ganz bewusst auf das richten, was Sie gut können und was Ihnen Spaß macht. Bitte orientieren Sie sich nicht an gesellschaftlichen Konventionen. Und glauben Sie nicht, dass Sie erst ein Studium absolvieren müssen, um etwas besonders gut zu können. Jede Begabung ist genauso viel wert wie eine andere. Es ist nur wichtig, sie zu erkennen und zu leben. Jeder Mensch kann sein Hobby zum Beruf machen. In Amerika zum Beispiel gibt es die Unternehmerin Martha Stewart, die tatsächlich ihr Hobby zum Beruf gemacht hat. Nachdem sie ihre Karriere als Model und als Aktienbrokerin an den Nagel gehängt hatte, wurde sie selbstständig und vermarktet seither alles, was mit Garten und Hausarbeit zu tun hat. Sie schreibt Bücher, bringt eine monatliche Zeitschrift heraus und hatte sogar eine eigene Fernsehsendung. Durch ihre positiven Gedanken schien sie alles erreicht zu haben. Doch wie das Leben manchmal so spielt, wurde sie im gleichen Moment zum Negativbeispiel. Aus der Gier heraus, noch mehr zu erreichen, tätigte sie verbotene Insideraktiengeschäfte und wurde zu einer Gefängnisstrafe verurteilt. Hätte sie sich weiter nur auf ihre wahre Berufung „Haus und Garten“ konzentriert, wäre ihre Karriere ungebrochen. Ganz wichtig: Wir möchten Ihnen Mut machen, sich nicht mit Begabungen zu verstecken, die in der Gesellschaft vermeintlich nicht so hoch anerkannt sind. Eine Idee, egal, wie sehr sie Ihrem Umfeld vielleicht missfällt, kann die richtige sein.

Übung: Stärken aufschreiben

Gehen Sie in sich und schreiben Sie auf, welche Dinge Sie am liebsten tun und wo Sie am meisten Spaß und Freude empfinden. Das sind Ihre Stärken!

Wir scheitern oft daran, dass wir versuchen, gesellschaftlichen Konventionen gerecht zu werden. Wir glauben, weil andere Studiengänge wie Jura oder BWL absolvieren, ist dies der einzig erfolgversprechende und seligmachende Weg. Tatsächlich können wir mit den ausgefallensten Ideen Erfolg haben, wie jüngst drei Studenten aus Bayreuth bewiesen haben. Sie waren gemeinsam im Auto auf dem Weg in den Urlaub. Dabei hörten sie eine nicht besonders gelungene Müsliwerbung im Radio. Zu diesem Anlass fiel ihnen auf, dass es im Supermarktregal nie das Müsli gibt, das ihnen wirklich schmeckte. Daraufhin gründeten sie ein Unternehmen, das sich mit dem „perfekten Müsli für jedermann" einen Namen machen sollte. Sie legten ihre Ersparnisse zusammen und kauften 80 verschiedene Zutaten, die sich Kunden per Internet individuell zusammenstellen konnten. Ihr gesamtes Umfeld, auch Familien und Freunde, erklärten dieses Vorhaben für aussichtslos. Davon ließen sie sich jedoch nicht abbringen. Heute, drei Jahre später, hat das Unternehmen 100 Mitarbeiter – Tendenz steigend ...

Ein anderes Beispiel ist der „Würstchenmillionär" aus Hessen. Er hatte einen Würstchenstand, den bereits seine Großmutter gegründet hatte, von seiner Mutter übernommen. Doch diese an sich gute Existenz genügte ihm nicht. Er entwarf ein komplett neues Konzept, indem er Currywurst mit ausgefallenen Zutaten kombinierte. Aus der klassischen Imbissspeise wurde dann beispielsweise die „Currywurst mit Jalapeños". Damit ist der Enkel so erfolgreich, dass er inzwischen mehrere Filialen besitzt und zudem Franchisegeber ist. In Kürze soll die Idee sogar nach Amerika auswandern. Doch auch hier gilt: Kein Erfolg ohne Widerstand. Er musste sich hartnäckig in der Familie durchsetzen, da der Mutter die neue Geschäftsidee nicht mit der alten Familientradition vereinbar schien.

Alle Menschen mit bemerkenswerten Erfolgsgeschichten haben eines gemeinsam:

- Sie glauben an sich und an ihre Idee.
- Sie lassen sich durch andere nicht von ihrem Ziel abhalten.
- Sie schaffen sich visuell ein klares Ziel. indem sie sich exakte Bilder von ihrer Zukunft vorstellen.
- Sie zeigen Ausdauer und Durchhaltevermögen.

Nur wer auf seine eigenen Fähigkeiten konzentriert ist und bei sich bleibt, kann seiner Begabung folgen. Es ist also erst einmal das Wichtigste herauszufinden, wer Sie sind, was sie besonders gut können und was Sie wirklich wollen.

Übung: Zeit für sich nehmen

Nehmen Sie sich einen Abend Zeit für sich selbst. Schreiben Sie auf ein Blatt Papier alle Themen, die Sie ganz besonders interessieren oder Ihre Hobbys sind. Lesen Sie sich das Blatt ganz genau durch. Nehmen Sie ein zweites und sortieren Sie nach Prioritäten. Nun überlegen Sie sich, mit welchem Thema Sie problemlos acht Stunden oder mehr am Tag verbringen können.

Was würde Ihnen Freude bereiten? Sagen Sie nicht von vornherein, dass sich ein Hobby nicht als Beruf ausüben lässt! Alles ist möglich, das zeigen viele Beispiele aus dem Leben. Legen Sie nun das Blatt weg und schlafen darüber! Nehmen Sie es ein oder zwei Tage später wieder in die Hand, lesen all die Punkte durch, die Sie aufgeschrieben haben, und lassen Sie sich überraschen, welcher der Punkte Ihnen spontan ein warmes Gefühl gibt oder Sie anspricht. Überdenken Sie das Ganze noch einmal! Fantasieren Sie nun, wie Sie das zum Beruf machen könnten. Alles ist möglich!

Wenn Sie das Richtige gefunden haben, machen Sie sich eine To-do-Liste. Schreiben Sie auf, was Sie Schritt für Schritt zu machen haben, um Ihr Ziel zu erreichen. Wichtig: Bleiben Sie dabei immer in positiven Gefühlen.

Glaubenssätze

„Es ist gar nicht so leicht, so schön zu sein, wie man aussieht.“
Sharon Stone (*1958),
US-amerikanische Schauspielerin

Glaubenssätze führen dazu, dass wir sind, was wir denken. Arbeitet man gezielt am „inneren Dialog“, ändert man sich nicht nur im Inneren, sondern trägt das auch nach außen.

Die Welt, in der wir leben, und die Menschen, die wir anziehen, haben zum großen Teil damit zu tun, welche Glaubenssätze wir tief in unserem Inneren mit uns tragen. Sind wir gänzlich davon überzeugt, es nicht wert zu sein, die große Liebe zu finden, so wird unser Unterbewusstsein es in der Realität auch nicht zulassen. Glauben wir, keinen Erfolg und kein Geld im Leben haben zu dürfen, so wird dies auch nicht geschehen. Es ist also enorm wichtig herauszufinden, welche Glaubenssätze in uns schlummern und welches Eigenbild uns anerzogen wurde. Wenn wir zerstörerische Glaubenssätze in uns tragen, können wir im Außen noch so viel unternehmen, wie wir möchten – unser Leben wird sich nicht ins Positive verändern. Es ist also essenziell, an unseren Glaubenssätzen und Denkmustern zu arbeiten.

Eine Kundin kam mit dem fatalen Glaubenssatz, sie sei niemals schön genug, um einen Mann anziehen zu können. Obwohl sie sehr durchtrainiert und attraktiv war, glaubte sie zutiefst daran. Egal, wie oft ihre Freundinnen ihr sagten, sie sei attraktiv und für Männer ansprechend, fiel sie immer wieder in ihr altes Glaubensmuster zurück. So begannen wir im Coaching, dieses fatale Denkschema durch ein neues zu ersetzen. Heute lebt sie mit einem ausgesprochen attraktiven, erfolgreichen und sehr sympathischen Mann in einer glücklichen Beziehung. Wie Sie sehen, ist alles veränderbar. Wichtig ist nur, genau zu erkennen, wo unsere „Selbstsabotage“ liegt.

Auch im Beruf können uns schädliche Muster immer wieder ein Bein stellen. Ein Kunde, der immer sehr hohe Positionen bekleidete, schaffte es wiederholt, ohne Eigenverschulden vor dem Nichts zu stehen. Das innere Muster war „Du darfst nicht reich sein“. So suchte sein Unterbewusstsein zielgenau Umstände und Situationen, aus denen heraus er alle zwei Jahre von vorne beginnen musste. Als er dies zu lösen begann, veränderte sich sein ganzes Leben. Nie wieder erlebte er, dass er vor den Trümmern seiner beruflichen Karriere stand. Nun werden Sie sich fragen, wie ein solches Muster so leicht zu lösen ist. Glauben Sie uns – es ist einfacher, als Sie denken.

Übung: Erkennen schädlicher Glaubenssätze

Nehmen Sie erneut Stift und Papier zur Hand und schreiben Sie die Glaubenssätze auf, die Ihnen im Leben Probleme bereiten. Das können Sätze sein wie: Ich bin es nicht wert, geliebt zu werden; ich bin für Männer nicht attraktiv genug; ich bin zu hässlich; ich bin es nicht wert, reich zu sein; ein glückliches Leben dürfen nur andere haben. Welcher Satz auch immer auf Sie zutrifft, schreiben Sie ihn auf! Denken Sie in Ruhe darüber nach. Oft sind es die versteckten Sätze, die wichtig sind. Nehmen Sie sich Zeit dafür. Gehen Sie ehrlich mit sich selbst um, auch wenn es im ersten Moment noch so unangenehm erscheint. Nehmen Sie nun ein zweites Blatt Papier zur Hand und wandeln Sie die negativen Glaubenssätze in positive Sätze (so genannte Affirmationen) um. Aus „Ich bin es nicht wert, geliebt zu werden" wird „Ich werde zu jeder Zeit von den richtigen Menschen geliebt", aus „Ich bin für Männer nicht attraktiv genug" wird „Ich bin attraktiv und habe eine gute Ausstrahlung". So verfahren Sie mit jedem Ihrer Sätze. Beachten Sie: Alle Sätze müssen in der Gegenwart geschrieben sein und dürfen keine Negationen enthalten. Wenn Sie alle Sätze so umformuliert haben, dass es sich für Sie gut anhört, nehmen Sie das alte Blatt Papier mit den negativen Glaubenssätzen, gehen Sie damit in die freie Natur und verbrennen es. Feuer symbolisiert für das Unterbewusstsein Transformation. Die positiven Affirmationen werden Sie nun die nächsten 21 Tage durch Ihr Leben begleiten. Wiederholen Sie jede Affirmation siebenmal, und das dreimal pro Tag. Stellen Sie sich während des Sprechens der Affirmationen bildlich vor, wie Sie das erreichen, was Sie aufgeschrieben haben. Fühlen Sie, welches Glücksgefühl Sie mit diesen Affirmationen in Ihrem

Körper auslösen. Sie werden sehen, wie sich Ihr Leben plötzlich zum Positiven wandelt. Unser Unterbewusstsein braucht 21 Tage, um alte schädliche Muster in positive zu verwandeln. Wenn Sie das Gefühl haben, die Sätze länger noch sprechen zu wollen, so tun Sie das. Sollten Sie innerhalb der 21 Tage vergessen, Ihre Sätze zu sagen, so ist es ratsam, von vorne zu beginnen.

Bekannte, die sich ein schönes Haus in einer ländlichen Gegend gekauft hatten, wollten unbedingt zur dörflichen Gemeinschaft dazugehören und auf keinen Fall bei ihren Nachbarn negativ auffallen. Ihr Problem war jedoch, dass diese einen schneeweißen Hasen in einem Stall in ihrem Garten hatten. Nun besaßen die neu Zugezogenen selbst einen relativ großen Hund, der von Anfang an immer nach diesem Hasenstall schielte, sodass jedem klar war, dass er ihn als sein zukünftiges Festmahl betrachtete. Eines Tages passierte das, wovor die ganze Familie Angst gehabt hatte – Angst ist die Anzahlung auf die Dinge, die wir nicht haben wollen. Sie machten morgens die Türe auf: Genau dieser Hase lag tot und vollkommen verdreckt, mit Erde beschmiert vor ihrer Haustüre. Der Hund wedelte stolz umher. Nun war die Panik groß. Was tun, um nicht sofort den Unmut aller Nachbarn auf sich zu ziehen? Aus der Not heraus wuschen und föhnten sie den toten Hasen und legten ihn in einem unbeobachteten Moment zurück in Nachbars Stall, in der Hoffnung, alle glauben machen zu können, er sei eines natürlichen Todes gestorben. Ein paar Tage später kam über den Zaun zwischen den Nachbarn ein Gespräch zustande. Die Hasenbesitzerin erzählte, es würden merkwürdige Dinge im Dorf vor sich gehen. Ihr Tier sei vor einigen Tagen verstorben und sie hätten es im Garten beerdigt. Wie von Geisterhand habe dieser Hase am nächsten Tagen gewaschen und geföhnt wieder im Stall gelegen.

In den meisten Fällen kann Ehrlichkeit nicht schaden. Hätten sie ihren Nachbarn sofort reinen Wein eingeschenkt, wäre den Hasenbesitzern diese „Überraschung" erspart geblieben. Solange Sie Menschen nicht verletzen, tut es gut, bei der Wahrheit zu bleiben. Manchmal hilft es schon, gewisse Dinge nicht allzu hart auszusprechen. Kritik ist erlaubt – wenn Sie jedoch dabei beachten, den anderen auch zu loben, so kommen Sie leichter durchs Leben.

Immer nur die Wahrheit?

Eine Untersuchung sagt, dass jeder Mensch am Tag im Schnitt 200-mal lügt. Häufig sind es nur Kleinigkeiten, die unser Leben einfach bequemer machen. Der Selbstversuch eines Journalisten hat gezeigt, dass es kaum möglich ist, permanent die Wahrheit zu sagen. Er hat in seinem Experiment einen Monat lang nur noch die Wahrheit gesagt. Dies führte nicht nur dazu, dass seine Kollegen anfingen, ihn zu hassen, und er seinen besten Freund verlor, zu allem Überfluss wurde ihm auch noch das Nasenbein gebrochen. Wir müssen also sehr genau unterscheiden zwischen großen Lügen, die anderen schaden, und kleinen Flunkereien, die nicht nur uns, sondern auch anderen das Leben erleichtern.

Nehmen Sie als Selbstversuch einen Tag, an dem Sie versuchen, nur die Wahrheit zu sagen. Beachten Sie bitte aber dabei, andere Menschen nicht zu verletzen. Bevor Sie einer Kollegin erklären, wie unattraktiv sie sei, sagen Sie lieber gar nichts. Lassen Sie sich überraschen, wenn Sie ganz bewusst mit der Wahrheit in den Tag starten, wie viele Erlebnisse Sie haben, die Ihnen zu denken geben werden.

Wenn's drauf ankommt: Tipps fürs erste Date

Sicher haben Sie viele Freundinnen und Freunde, die vor dem ersten Date viele gute Ratschläge parat haben. Sie erklären Ihnen, was Sie anziehen sollen, geben Tipps, was man von sich preisgeben darf. Manche entwickeln sogar ein richtig ausgeklügeltes System, mit dem man angeblich andere für sich einnehmen kann. Wenn Sie all diese Tipps beherzigen, ist eines ganz sicher: Sie sind nicht mehr bei sich selbst. Schlimmer noch, Ihr Gegenüber lernt nicht den Menschen kennen, der Sie eigentlich sind. Was also tun? Die Antwort liegt auf der Hand. Bleiben Sie bei sich! Kein anderer kennt Sie so gut wie Sie sich selbst. Egal, wie Sie sich darstellen: Sollte der Mensch, den Sie beim ersten Date treffen, die richtige Person für Sie sein, wird er oder sie zwangsläufig Ihr wahres Ich kennen lernen. Warum also nicht von Anfang an als der Mensch auftreten, der Sie wirklich sind? Selbst wenn Sie die gut gemeinten Tipps, „um andere einzufangen", noch so gut beherzigen, wird das Unterbewusstsein Ihres Gegenübers Signale erhalten, dass irgendetwas nicht so ist, wie es sein sollte. Das Ganze fängt bei der Kleiderwahl an. Ziehen Sie das an, worin Sie sich persönlich wohlfühlen, und nicht das, was andere an Ihnen hübsch finden. Sollten Sie verschiedene Optionen haben, können Sie immer noch den Rat eines anderen einholen. Sie werden sofort merken, ob der Mensch, mit dem Sie die erste Verabredung haben, mit Ihrem wahren Ich harmoniert. Seien Sie auch hier ehrlich zu sich selbst. Wir alle bekommen ganz schnell Signale, ob wir zu einem anderen Menschen passen oder nicht. Wichtig ist, auf uns selbst zu hören. Sollten Sie Warnzeichen ignorieren, werden Sie früher oder später feststellen, dass Sie nur Zeit vergeudet haben.

Sie sind einzigartig! Mit all Ihren Stärken und Schwächen, Ihrem Wissen und Ihrer Ausstrahlung sind Sie ein ganz besonderer Mensch, den es so in dieser Ausführung nicht noch einmal auf der Welt gibt. Deshalb haben Sie keinen Grund, sich zu verstecken. Legen Sie die Karten ruhig auf den Tisch, spielen Sie keine Spielchen. Ehrlichkeit ist noch immer der beste Berater.

Überprüfen Sie selbst, ob Sie sich in der Situation des ersten Dates richtig wohlfühlen. Ist es ein Mensch, der Ihnen nicht nur gefällt, sondern der auch noch Ihr bester Freund werden könnte? Sie sind Ihres eigenen Glückes Schmied. Jeder, der sich unter Wert verkauft und sich nicht vorher im Klaren darüber ist, muss sich nicht wundern, wenn er nicht so behandelt wird, wie er sich das gewünscht hat. Jedoch ist es nicht unbedingt ratsam, schon beim ersten Treffen über Schicksale oder schwerwiegende Probleme zu reden. Der andere sollte erst einmal in der Lage sein, Sie als offenes fröhliches Wesen kennen zu lernen. Stellen Sie sich vor, Sie treffen jemanden das erste Mal und dieser erzählt Ihnen nur von Schicksalsschlägen und persönlichen Problemen. Wie würden Sie sich fühlen, wenn Sie nach Hause gehen? War das ein Abend, den Sie so wiederholen möchten, oder hätten Sie lieber eine fröhliche Verabredung mit Leichtigkeit und lustigen Gesprächen verbracht?

Übung: Ihre Erwartungshaltung

Bitte überlegen Sie sich, was Sie persönlich von einem ersten Date erwarten. Wenn Sie wollen, können Sie das auch schriftlich festhalten. Es geht nicht darum, dass Sie einem anderen gefallen, sondern es geht auch darum, dass Ihre Erwartungen erfüllt werden. Oft wünschen wir uns eine Beziehung so sehr, dass wir nicht mehr richtig in der Lage sind, auf unsere eigenen Bedürfnisse zu achten. Doch auch unsere Wünsche und Notwendigkeiten sind es, die eine Beziehung im Wesentlichen ausmachen. Halten Sie also genau fest, welche Eigenschaften der Mensch mitbringen sollte, dem Sie Ihr Herz schenken. Kein Mensch wird alle unsere Erwartungen erfüllen, aber wir werden sehr schnell feststellen, ob es passt oder nicht. Klienten, die in die Praxis kommen, denken im Wesentlichen darüber nach, wie sie dem anderen gefallen können und was sie tun sollten, um diesen Ansprüchen gerecht zu werden. Auch dabei laufen Sie Gefahr, sich selbst zu verlieren. Mit dieser Übung können Sie immer wieder überprüfen, ob der Mensch, mit dem Sie sich verabredet haben, dem entspricht, was Sie sich für Ihr Leben vorstellen.

Eine Freundin hatte ein Buch gelesen, das genaue Anweisungen gab, wie man sich am schnellsten interessant macht. Sie fing an, diese Regeln auswendig zu lernen, in der vollen Überzeugung, sich damit den Partner zu sichern, den sie haben wollte. Obwohl sie diese Regeln exakt befolgte, wunderte sie sich immer wieder, dass die Männer so schnell gingen, wie sie gekommen waren. Eines Tages war sie geschäftlich bei einem Kongress. Nicht darauf vorbereitet, einen Mann zu treffen, sondern mit ihren beruflichen Themen beschäftigt, unterhielt sie sich mit einem anderen Teilnehmer. Nun war sie die Person, die sie eigentlich war. Aus diesem Gespräch wurde Freundschaft und daraus unverhofft Liebe. Die beiden sind heute noch zusammen und sie ist froh, dass sie in diesem Fall nicht daran gedacht hatte, die Tipps des Ratgebers zu beherzigen.

6. Schritt: Wie Sie die „richtigen" Menschen und Dinge anziehen

„Jeder sieht, was du scheinst. Nur wenige fühlen, wie du bist."
Niccoló Machiavelli (1469 – 1527),
italienischer Schriftsteller, Philosoph,
Dichter und Staatsmann

Übersetzung der geistigen Gesetze

Geistige Gesetze sind nichts anderes als Gesetzmäßigkeiten, die mit Physik und Ordnung zu tun haben. Wie jeder Astronom und Physiker bestätigen kann, leben wir in einem Kosmos – das Wort „Kosmos“ ist griechisch und bedeutet Ordnung. Wir leben also in einer Ordnung, die wie alles im Universum bestimmten Gesetzmäßigkeiten folgt. Sind wir uns dieser Gesetzmäßigkeiten bewusst, so lässt sich das Leben leichter gestalten. Sie sollten diese Gesetzmäßigkeiten nicht werten. Sie sind neutral. Wie in der Mathematik ist diese Ordnung immer vorhanden, sie ist jedoch weder gut noch böse.

Das Gesetz der Kausalität

Was man sät, das erntet man.

Kurz gesagt, geht es einfach darum, dass wir all die Gedanken und Taten, die wir aussenden, früher oder später zurückbekommen. Sind wir selber freundlich und sympathisch, so werden wir von anderen gemocht. Versuchen Sie über andere Macht auszuüben und diese schlecht zu behandeln, so wird Ihnen Ähnliches widerfahren. Wenn wir in unserem Leben Positives erleben wollen, so sollten wir vorher auch Positives aussenden. Das hat damit zu tun, dass unsere Gedanken eine bestimmte Frequenz haben, schlechte wie gute. Senden wir diese Frequenz aus, kommt eine ähnliche Frequenz zurück. Dies bedeutet, dass wir immer auf unsere wirklichen Gefühle achten sollten. Es hat keinen Sinn, jemandem etwas Gutes zu wünschen, den wir innerlich aber hassen. Hier sollten wir erst unsere Gefühle überprüfen und das Negative aufarbeiten. All die Dinge, die wir aussenden, sollten wir auch fühlen können. Wenn wir uns zum Beispiel wünschen, beliebt zu sein, so ist es enorm wichtig, dass wir uns im Inneren nicht jeden Tag sagen, „ich werde von keinem geliebt". Wünschen Sie anderen Gutes, damit auch Ihnen Gutes widerfährt. Das Leben verläuft nicht nach dem Prinzip, nur wenn es anderen schlechter geht, geht es mir ein bisschen besser. Sondern je mehr wir alle positiv handeln und denken, desto besser wird es uns allen ergehen. Die Energie, die wir aussenden, folgt völlig wertfrei unseren Gedanken. Nur wir alleine bestimmen, ob sie konstruktiv oder destruktiv ist. Es ist unsere freie Entscheidung, ob wir in unserem Leben die ganze Fülle, die uns zusteht, auch erhalten. Allein unsere Gedanken bestimmen darüber.

Das Gesetz von Ursache und Wirkung

Allem, was im Leben passiert, liegt eine Ursache zugrunde.

Keine Wirkung im Außen ohne Ursache. Stellen Sie sich vor, Sie hegen als Ursache einen bestimmten Gedanken. Zum Beispiel: „Ich möchte im Beruf mehr Erfolg haben und damit meine Kollegen oder Mitarbeiter positiv unterstützen." Wenn Sie diesem Gedanken nun täglich Kraft geben, werden ganz sicher Ereignisse eintreten, um dem Ziel Schritt für Schritt näher zu kommen. Alle Gedanken sind Befehle an unser Unterbewusstsein, und der Kosmos, also die Ordnung, wird dafür sorgen, dass diese Befehle ausgeführt werden. Ob positiv oder negativ bestimmen wir selbst. Gedanken haben eine enorme Kraft. Oft mehr Kraft als das gesprochene Wort. Fangen Sie also jetzt an, die Ursache zu schaffen, um von anderen anders wahrgenommen zu werden. Lächeln Sie in den Spiegel, sehen Sie die schönen Seiten an sich und seien Sie sich selber darüber bewusst, dass andere das auch bei Ihnen erkennen. Je positiver Sie denken, desto angenehmer und leichter wird Ihr Leben verlaufen. Legen Sie Ihre Zweifel beiseite. Denn Zweifel sind Blockaden.

Das Gesetz der Resonanz

Gleiches zieht Gleiches an.

Resonare ist das lateinische Wort für Zurückklingen. Unser Innerstes, also unsere Gedanken, zieht das dazu passende Leben an. Die Einstellung, die wir haben, sorgt dafür, dass wir die dazu passenden Ereignisse und Personen in unser Leben ziehen. Gibt es etwas in unserem Umfeld, das eine ähnliche Frequenz besitzt, so wird es mit der von uns ausgesandten Frequenz in Resonanz treten. Gleiches zieht Gleiches an. Egal, was wir erleben, Positives oder Negatives, es zeigt uns immer auf, was in unserem Innersten vor sich geht – ohne Wertung! Wollen wir das verändern, so sollten wir in unser Innerstes gehen und unsere tiefen Gefühls- und Gedankenmuster nochmals überdenken. Wenn wir der Meinung sind, nicht schön oder nicht klug genug zu sein, dann werden wir Menschen in unser Leben ziehen, die uns das bestätigen. Denken wir das Gegenteil über uns, so werden wir angenehme und freundliche Menschen anziehen, die auch in Harmonie leben und uns ein positives Gefühl geben.

Das Gesetz des Ausgleichs

Für alles, was wir aussenden, existiert ein Ausgleich.

Kein Problem, das wir haben, wird einfach von allein verschwinden, denn bekanntlich haben wir selbst die Ursache dafür gelegt. Es hat keinen Sinn, andere für unser Schicksal oder unser Leben verantwortlich zu machen. Erst wenn wir selbst anerkennen, unseres eigenen Glückes Schmied zu sein, können wir die Ursache angehen und verändern. Wir sind es, die unsere Welt erschaffen. Erst wenn wir für die negativen Gedanken und Gefühle einen Ausgleich schaffen, also das Negative mit positiven Gedanken neutralisieren, werden unsere Probleme verschwinden. Ausreden wie „Das ist alles Zufall" oder „Ich kann doch nichts dafür" zählen in diesem Fall nicht mehr. Wir selber sind es, die den Ausgleich schaffen können.

Das Gesetz des Widerstands

Widerstand verhindert positive Entwicklungen.

Widerstand bedeutet, noch am Negativen anzuhaften. Diese Anhaftung kostet uns Energie und Kraft. Sie wird dafür sorgen, dass der Fluss des Lebens unterbrochen ist. Achten Sie deshalb genau darauf, welches Gedankengut Sie aussenden. Denken Sie zum Beispiel: „Ich habe eine positive Ausstrahlung" anstatt „Ich habe keine negative Ausstrahlung". Alles was negativ formuliert ist, mindert unsere Energie. Wie schon bei den Glaubenssätzen besprochen, sollten wir Negationen aus unserem Leben streichen. Sie sind kontraproduktiv. Nehmen wir zum Beispiel einen Restaurantbesuch: Sie haben heute besonders viel Hunger. Sie denken, „hoffentlich bekomme ich nicht wieder als Letzte mein Essen". Selbstverständlich sind Sie dann der Letzte am Tisch, der sein Gericht bekommt. Hätten Sie stattdessen ausgesendet: „Ich freue mich auf mein Essen und weiß, ich werde es so schnell als möglich vor mir haben", so wäre auch dies geschehen. Genauso verhält es sich im Beruf. Die meisten konzentrieren sich auf die Kollegen und wünschen sich, in Lob und Beförderung nicht übergangen zu werden. Es ist viel besser, sich auf sich selbst zu konzentrieren und davon überzeugt zu sein, dass die eigene Arbeitsleistung gut ist und anerkannt wird. Unabhängig von den anderen werden Sie vielmehr Anerkennung ernten, wenn Sie die Negationen aus Ihrem Gedankengut streichen.

Das Gesetz der Projektion

Wer die eigenen Gefühle nicht wahrnimmt,
begegnet ihnen in anderen Menschen.

Wir alle projizieren – täglich! Wir sehen in anderen Menschen Eigenschaften, die eigentlich unsere eigenen sind. Um uns nicht selber damit auseinandersetzen zu müssen, nehmen wir andere Menschen als Projektionsfläche und leben darin unsere negativen Gefühle aus. Wenn wir – als Beispiel – unzufrieden mit uns sind, dies aber nicht erkennen wollen, so bezichtigen wir einen anderen Menschen in unserem Umfeld als unzufrieden, machen ihm Vorhaltungen und wünschen uns, dass er sich verändere. Tatsächlich schlummern all diese Gefühle in uns selbst. Lieber kritisieren wir andere für alle möglichen Unzulänglichkeiten, zum Beispiel Wut, Rechthaberei oder Ängste, anstatt uns selbst einzugestehen, diese Eigenschaften zu haben. Das lenkt im ersten Moment von uns selbst ab und gibt uns ein gutes Gefühl, da wir dann ja nicht selbst an uns arbeiten müssen. Beginnen Sie damit, Ihre Aussagen über andere mit Ihrem eigenen Befinden zu vergleichen. Sie werden sehr schnell feststellen, ob es nicht vielleicht doch Ihre eigenen Gefühle sind. Nur wenn Sie aufhören zu projizieren und die Negativität in sich selbst ins Positive wandeln, wird Ihr Leben einfacher.

Das Gesetz des Anhaftens

Wer die eigenen Themen nicht löst,
haftet an und verliert seine Freiheit.

Anhaften bedeutet, beeinflussbar zu sein. Dies führt zu einem Verlust der gedanklichen Freiheit. Oft finden wir Manipulationen in den Themen Liebe und Freundschaft, wenn Bedingungen daran geknüpft werden. Menschen sagen oft: „Ich liebe dich nur, wenn du …“ Oder Männer, die ihre Frauen „lieben“, wenn sie attraktiv und vorzeigbar sind. Umgekehrt, Frauen „lieben“ ihre Männer, wenn sie erfolgreich sind, gut verdienen und sie damit auch wirtschaftlich abgesichert sind. Dies sind allerdings nur abgedroschene Vorstellungen. In Wirklichkeit sind die Bedingungen meist komplexer und weniger leicht zu durchschauen. Trotzdem, diese Art der „Liebe“ ist weit verbreitet.

Dasselbe gilt natürlich auch für Freundschaften. Auch hier werden oftmals Bedingungen geknüpft, wie „Ich bin deine Freundin, solange du mir immer hilfst, wenn ich dich brauche“ oder „Ich bin dein Freund, solange du nicht erfolgreicher bist als ich“. Solche Freundschaften sind nicht echt, denn sie gründen nicht auf ehrlicher Zuneigung, auf ehrlichen Gefühlen. Sie erfüllen ganz andere Funktionen und machen letztlich einsam.

Partnerschaft, Liebe und Freundschaft brauchen als Grundlage keine Forderungen. „Wenn-dann-Beziehungen" sind bestenfalls Tauschgeschäfte. Mit echten, tiefen Gefühlen haben sie nichts zu tun. Selbst dann, wenn sich alle Beteiligten über die Bedingungen im Klaren sind, können diese Strukturen nur von zeitlich begrenzter Dauer sein. Denn letztendlich sucht jeder Mensch nach aufrichtiger und bedingungsloser Zuneigung. Wenn wir lieben, suchen wir einen Menschen, bei dem wir so sein dürfen, wie wir wirklich sind. Nur auf dieser Basis können wir uns entwickeln. In Liebe und Sicherheit. Wenn wir unsere Liebe von etwas abhängig machen, dann ist es Anhaften und gewiss keine echte Liebe.

Das Gesetz des Fließens

Loslassen bedeutet, im Fluss zu bleiben.

Nur wenn wir bereit sind, alte schädliche Muster loszulassen, können wir Neues in unser Leben aufnehmen. Wer loslässt, bleibt im Fluss. Nur wenn wir uns unnötiger Muster und schädlicher Gedanken entledigen, haben wir Platz für neue positive Gedankenmuster. Ins Fließen kommt alles, wenn wir Altes durch positives Neues ersetzen. Oft fällt es uns schwer, uns von Menschen zu trennen, selbst wenn wir längst erkannt haben, dass sie uns nicht mehr guttun. Aber auch hier gilt: Wer sich von altem Negativem verabschiedet, hat die Möglichkeit, einen neuen positiven Menschen in seinem Leben begrüßen zu können. Wenn wir unsere Zeit weiter mit destruktiven Menschen vergeuden, so haben wir weniger Kraft und Energie für jemanden, der positiv unser Leben bereichert. Unsere innere Veränderung wird zwangsläufig dazu führen, dass wir Menschen anziehen, die besser in unser neues Muster passen.

Haben Sie also keine Angst, wenn Sie spüren, dass ein bestimmter Mensch nicht mehr in Ihr Leben gehört. Haben Sie den Mut loszulassen. Sie müssen sich mit niemandem zerstreiten. Sie sollten sich nur noch mit Menschen umgeben, die in Ihnen ein gutes Gefühl auslösen und die zu Ihnen passen.

Das Gesetz der Klarheit

Nur wer mit Klarheit aussendet, bekommt, was er sich wünscht.

Je kürzer und je klarer wir unsere Gedanken formulieren, desto schneller kann unser Unterbewusstsein sie umsetzen. Je mehr „Haken" wir in unseren Gedanken haben, desto schwieriger ist es, ein bestimmtes Ergebnis zu erzielen. Wenn wir zum Beispiel einen Wunsch hegen, gleichzeitig aber ganz viele Widersprüche beinhalten, so wird unser Wunsch nie erfüllt werden. In unser Leben tritt nur, was klar ist. Wörter wie „eigentlich" und „aber" sollten Sie in Ihrem Wunschdenken nicht verwenden. „Ich wünsche mir eine größere Wohnung, aber sie sollte bezahlbar sein." Wie soll Ihr Unterbewusstsein reagieren? „Ich wünsche mir eine neue Arbeitsstelle, aber eigentlich habe ich Angst vor Veränderung." Soll Ihr Unterbewusstsein nun dafür sorgen, dass Sie eine neue Arbeitsstelle bekommen oder dass Sie weiterhin in Ihrer gewohnten Umgebung bleiben können? Aus diesem Grunde gilt: klare Formulierung, ohne Wenn und Aber. Ja oder nein, alles dazwischen hindert daran, dass das Gewünschte eintritt.

Das Gesetz der Synchronizität

Dinge geschehen gleichzeitig, wenn eine Verbindung zwischen ihnen existiert.

Je mehr Sie im Fluss sind, desto schneller können sich Synchronizitäten ereignen. Ein gutes Beispiel hierfür ist: Sie denken an eine ganz bestimmte Person, mit der sie schon seit Längerem kein Gespräch mehr geführt haben. Prompt klingelt Ihr Telefon und genau eben diese Person, an die Sie so intensiv gedacht hatten, meldet sich. Oder Sie setzen sich mit einem bestimmten Gesundheitsthema auseinander und plötzlich nehmen Sie es überall wahr. Synchronizitäten sind Spiegel unserer Gedanken. Stellen Sie sich gedanklich eine Frage und Sie können sicher sein, Antwort zu erhalten. Sie müssen nur offen für sie sein.

Das Gesetz der Affirmation

Wie schon in den vorbeschriebenen Glaubenssätzen soll hier eigentlich nur noch eine kurze Zusammenfassung der wichtigsten Richtlinien stehen:

- Affirmationen werden immer positiv formuliert.
- Affirmationen werden immer in der Gegenwart formuliert.
- Wählen Sie kurze, prägnante Sätze und schreiben Sie diese auf.
- Wiederholen Sie diese Sätze mehrmals täglich und mindestens 21 Tage lang.
- Zeigen Sie Fantasie und malen Sie sich dazu Bilder Ihres gewünschten Lebens in den schönsten Farben gedanklich aus.

Wie Sie beim Lesen sicher feststellen konnten, stehen alle geistigen Gesetze in einem sehr engen Zusammenhang. Ein Gesetz bedingt das andere. Es ist also unmöglich, einige Gesetze zu beachten und andere nicht. Wenn Sie sich diese einfachen Regeln zu Herzen nehmen, wird sich ihr Leben sehr schnell ins Positive wandeln.

Ein sehr guter Freund, den wir seit Jahren kennen, hatte in seinem beruflichen Werdegang vermeintlich immer sehr viel Pech. Wenn man jedoch genau hinschaut, hatte er nahezu jedes der geistigen Gesetze missachtet und gebrochen. Sobald er einen neuen Job hatte – und das waren immer sehr gute Angebote –, begegnete er seiner Umwelt mit Überheblichkeit und Arroganz. Er begann alle zu kritisieren, negativ und destruktiv zu handeln. Er wunderte sich jedes Mal, wenn er zum Schluss ohne Job dastand. War er „am Abgrund", so wurde er sofort wieder zu einem extrem freundlichen und netten Menschen. In schwierigen Situationen begann er dann zu visualisieren und wieder positiv über andere zu urteilen. Dieses extreme Auf und Ab ging einige Jahre, bis er bereit war, sich ernsthaft mit den geistigen Gesetzen zu befassen. Erst dann war er in der Lage, sein Leben dauerhaft und konstant ins Positive zu verändern.

Eine Klientin hatte von ihrem Vater ein ansehnliches Unternehmen geerbt. Vom ersten Tag an war sie sich nicht sicher, ob sie diesen Job machen wollte. Obwohl sie viele treue Mitarbeiter hatte, erzählten sie diesen ständig, dass sie das Geschäft vielleicht verkaufen wolle oder aber Mitarbeiter entließe. Anstatt zu erkennen, welche großartige Möglichkeit ihr geboten wurde, denn die Firma war auf dem Markt sehr etabliert und nahezu ein Selbstläufer, trat sie ihr Erbe quasi mit Füßen. Sie beschwerte sich ständig und war nie glücklich und zufrieden. Niemand konnte ihr klarmachen, dass sie eigentlich auf der Sonnenseite des Lebens stand und im Grunde genommen alles hatte, was sich andere Menschen erträumen. Irgendwann fingen die destruktiven Gedanken an, sich zu materialisieren: In der Firma begann eine Kündigungswelle. Durch dieses Ereignis sichtlich schockiert, wurde ihr klar, dass sie genau das durch ihr Verhalten selbst verursacht hatte. Von da ab bemühte sie sich, ihrer Aufgabe gerecht zu werden. Heute steht das Unternehmen wieder fantastisch da und hat eine verantwortungsbewusste und positiv denkende Chefin.

Übung: Die geistigen Gesetze

Fassen Sie die geistigen Gesetze für sich selbst schriftlich in kurzen Stichpunkten zusammen. Lassen Sie zwei Wochen lang jeden Abend Ihre Gedanken und Erlebnisse Revue passieren und vergleichen Sie die Ereignisse kurz mit den geistigen Gesetzen. Inwieweit sind Sie den Tag positiv angegangen? Waren Ihre Taten und Gedanken eher positiv oder mehr destruktiv? Haben Sie andere unterstützt? Beurteilen Sie selbst, zu welchem Anteil Sie die Ereignisse eher positiv oder negativ einstufen würden. Seien Sie ehrlich zu sich selbst! Denken Sie immer daran: Es kommt ein neuer Tag, an dem Sie alles verbessern können. Es ist noch kein Meister vom Himmel gefallen!

Ausdauer und Beharrlichkeit führen zum Ziel

Als Thomas Edison die Glühbirne erfand, unternahm er mehr als zweitausend Versuche, bevor diese Lichtquelle funktionierte. Ein Reporter wollte von dem Erfinder wissen, was man empfinde, wenn einem so oft etwas misslinge. Edison antwortete: „Mir ist kein einziges Mal etwas misslungen. Es handelte sich einfach um einen Prozess, zu dem zweitausend Schritte notwendig waren."

Über Erfolg oder Misserfolg entscheidet im Leben allein die Beharrlichkeit. Wenn wir uns etwas vornehmen und nach kurzer Zeit resigniert aufgeben, weil wir der Meinung sind, dass sich der Erfolg nicht schnell genug einstellt, werden wir nie zum Ziel kommen. Der Unterschied zwischen erfolgreichen und nicht erfolgreichen Menschen ist alleine der, dass all die, die ihr Ziel erreicht haben, nachhaltig an sich selbst und an ihrer Idee gearbeitet haben. Jeder von uns erlebt einmal Rückschläge. Wichtig ist es weiterzumachen. Bleiben Sie positiv.

Eine Bekannte wollte in den Beruf zurückkehren, nachdem ihre Kinder nun größer waren. Sie überlegte eine ganze Zeitlang, was ihr nun wirklich Spaß machte. Sie besuchte einige Seminare und Kurse für mentales Training und Zielsetzung, bis sie auf das Thema „Ausdauer und Beharrlichkeit" stieß. Hierbei wurde ihr klar, dass der neue Beruf nur etwas sein könne, wofür sie sich schon ihr Leben lang interessiert hatte und was ihr tatsächlich dauerhaft Spaß machte. Bereits als Jugendliche war Sport einer der wichtigsten Punkte in ihrem Leben gewesen. Von jeher hatte sie eine sehr gute Figur und wusste auch genau über Ernährung Bescheid. Es musste also etwas sein, das mit Aussehen, Gesundheit und Sport zu tun hatte. So fand sie ein neues Ultraschallgerät, mit dem man problemlos abnehmen kann. Sie wusste sofort, dass dies etwas war, das sie ihr Leben lang ausüben könne. Heute betreibt sie äußerst erfolgreich ein Figurstudio und hat damit ihr Hobby zum Beruf gemacht. Wenn man sich mit ihr unterhält, wird immer wieder klar, dass sie nur deswegen ihren Beruf hatte finden können, weil sie beharrlich nach dem gesucht hatte, was ihr am meisten lag – und nicht einfach schnell den erstbesten Job angenommen hatte. Auch bei Prominenten ist Ausdauer der Schlüssel zum Glück. Selbst Dieter Bohlen war anfänglich von seiner Plattenfirma abgelehnt worden. Nur seiner Penetranz war es zu verdanken, dass er zum Schluss doch noch gehört wurde. Der ehemalige Bodybuilder Arnold Schwarzenegger ist hierfür ebenfalls ein gutes Beispiel: Er wollte es aus einem kleinen österreichischen Dorf bis nach Hollywood schaffen – was ihm bekanntlich gelang. Doch es blieb nicht dabei, er wurde sogar noch Gouverneur von Kalifornien. Dem Erfolg sind nämlich keine Grenzen gesetzt. Wenn wir an uns glauben und zielstrebig das verfolgen, was uns Spaß macht, können wir alles erreichen.

Wichtig ist, wie schon vorher erwähnt, dass Sie sich selbst treu bleiben. Ob es wie bei der Bekannten die Figur, bei Dieter Bohlen die Musik oder bei Arnold Schwarzenegger Film und Politik sind, so haben Sie Ihr ganz eigenes Thema, mit dem Sie Erfolg haben können. Hier noch eine Erfolgsgeschichte aus dem ganz normalen Leben: Eine Freundin, deren Familie sie immer klein gehalten hatte, entschied sich vor Jahren dazu, ein Nagelstudio zu eröffnen. Wie leider bei so vielen anderen Nageldesignern nahm jeder an, dass dies nur von kurzer Dauer sein werde. Sie eröffnete ihr Studio und war damit äußerst erfolgreich. Jedoch war ihr das noch nicht genug. Sie wollte und konnte mehr. So zog sie in eine größere Stadt und lernte dort ihren heutigen Geschäftspartner kennen, der als Nageldesigner einen hervorragenden Ruf über Deutschland hinaus genießt. Sie gründeten gemeinsam eine Firma und bilden seither Nageldesigner aus, verkaufen ihre Produkte in ganz Europa und haben ein stetig wachsendes Unternehmen. Vor zehn Jahren hätte ihr das niemand, erst recht nicht ihre Familie, zugetraut. Fragt man sie heute, wie sie das geschafft hat, so gibt sie stets zur Antwort, dass sie Schritt für Schritt ihr Unternehmen aufgebaut und nie den Glauben an sich und ihre Pläne verloren habe.

Eine andere Freundin absolvierte nach ihrem Abitur eine kaufmännische Lehre, um in das Unternehmen ihres Vaters einzutreten. Leider verstarb dieser frühzeitig, und aufgrund von Auseinandersetzungen mit ihren Geschwistern hatte sie das Nachsehen. Anstatt sich ihrem Schicksal zu ergeben, begann sie nun aus der Not heraus, im Keller ihres Elternhauses Telefonakquise für andere Unternehmen anzubieten. Es gab viele Menschen, die sie deshalb belächelten. Nach einigen Jahren jedoch hatte sie bereits mehrere Mitarbeiter und eine ansehnliche Firma aufgebaut. Heute hat sie über 500 Arbeitsplätze geschaffen und jeder bewundert, was sie geschafft hat. Viele haben sie gefragt, wie sie so große Unternehmen als Kunden gewinnen konnte. Auch hier lautet die Antwort: Ausdauer! Ihren größten Kunden konnte sie nur gewinnen, indem sie zwei Jahre lang jede Woche bei ihm anrief und ihn bat, ihr eine Chance zu geben. Das nennt man Beharrlichkeit!

Übung: Schrittweise zum Erfolg

Oft führen die kleinen Schritte zum Ziel. Bitte überlegen Sie sich eine Kleinigkeit, die sie sich dann als Ziel setzen. Es kann eine neue Sportart sein, die sie gerne betreiben möchten, oder es können drei Kilo sein, die Sie abnehmen wollen. Was es auch immer ist, schreiben Sie es sich auf und beginnen Sie, einen Plan auszuarbeiten, wie Sie dieses mit Nachhaltigkeit verfolgen können. Geben Sie nicht auf. Selbst wenn Sie auf halber Strecke mal „stolpern", machen Sie so lange weiter, bis Sie dieses Ziel erreicht haben. Wenn es so weit ist, können Sie zu größeren Taten aufbrechen. Egal, was Sie tun, tun Sie es mit Herz und Nachhaltigkeit. Genauso verhält es sich mit Schönheit. Innere Schönheit und Ausstrahlung hat man nur dann, wenn man nachhaltig mit sich selbst zufrieden ist und nicht einen Tag glücklich und den anderen Tag wieder voller Selbstzweifel. Gehen Sie es in Ruhe und langsam an. Betrachten Sie sich immer wieder im Spiegel und sagen Sie sich selbst, was Sie an sich mögen. Das sollten nicht nur Äußerlichkeiten sein, sondern auch Charaktereigenschaften wie Humor, ein mitreißendes Lachen, Überzeugungskraft und Zuverlässigkeit – einfach positive Eigenschaften! Erst wenn Sie selbst Ihr bester Freund werden, können andere Menschen das auch sein.

Wie du mir, so ich dir

Wie oft hören wir von anderen den Satz oder hören uns auch selber sagen: „Warum passiert das immer mir?" Hand aufs Herz, haben Sie nicht auch schon in verschiedenen Situationen mit Ihrem Schicksal gehadert und sich überlegt, warum bestimmte Ereignisse immer nur in Ihrem Leben stattfinden? Sei es, die falschen Männer zu treffen, von Kollegen schlecht behandelt zu werden oder immer wieder von Freunden enttäuscht zu werden, für die man eigentlich immer da war. Jeder von uns hat in dem einen oder anderen Bereich schon seine Erfahrung gemacht. Die gute Nachricht ist, Sie können all das in Zukunft verändern. Die schlechte Nachricht aber: Dies geschieht nicht, ohne Verantwortung zu übernehmen und Selbstkritik zu üben. Nun ist es so, dass unser Unterbewusstsein, das letzten Endes unser Leben gestaltet, rein auf unsere Befehle und Gedankenmuster reagiert. Wenn wir der Ansicht und wirklich überzeugt davon sind, immer die falschen Männer – Freunde und Kollegen – zu treffen, so wird unser Unterbewusstsein genau diesen Befehlen folgen. Wenn wir sagen, „immer treffe ich den Falschen / die Falschen", so ist das ein klarer Befehl und wirkt wie eine Affirmation. An unseren Erlebnissen können wir genau unsere eigenen

Gefühle, Muster und Gedankenstrukturen erkennen. Gibt es einen Bereich, in dem wir unzufrieden oder unglücklich sind, dann ist es hier dringend nötig, unsere Gefühle und Gedanken zu verändern. So schwer es manchmal sein mag, es ist unabdingbar, die negativen Gedankenstrukturen sofort durch positive zu ersetzen. Sie werden feststellen, dass Sie Schritt für Schritt positivere Erlebnisse haben. Bitte werfen Sie bei kleinen Rückschlägen nicht sofort die Flinte ins Korn. Hier wären wir wieder an dem wichtigen Punkt des Durchhaltevermögens.

Eine Klientin kam in die Praxis, weil sie immer wieder gleiche Erlebnisse mit Männern hatte. Sie hatte immer Freunde, die zuerst überschwänglich und sehr freundlich waren, sofort zusammenziehen und eine Familie gründen wollten. Urplötzlich zogen sich diese dann jedoch ohne Begründung zurück, sodass sie am Ende immer wieder alleine dastand. Durch die gemeinsame Arbeit im Coaching wurde sehr schnell klar, dass diese Frau zwar den Wunsch nach Familie hegte, jedoch tief in ihrem Inneren große Angst davor hatte. Die Freiheit war ihr letztendlich wichtiger. Als sie sich dies eingestand, war der Weg zu einer Veränderung offen. Wir arbeiteten gemeinsam daran, was sie wirklich in Zukunft für ihr Leben wollte. Da tief in ihrem Unterbewusstsein der Wunsch nach Freiheit viel größer war als der nach Bindung und Familie, lebt sie heute sehr bewusst als Single. Seit sie sich das eingestehen kann, ist sie glücklich und genießt ihr Leben, ihre Freiheit. Jedes Lebenskonzept ist gut, solange man das tut, was man wirklich möchte. Gegen seine inneren Werte anzukämpfen, kostet letzten Endes nur Kraft und Energie. Haben Sie den Mut, das zu leben, was Sie wirklich sind.

Ein anderer Klient suchte die Praxis wegen eines klassischen Burn-out-Syndroms auf. Er hatte tausend Argumente, warum er in der Vergangenheit so viel arbeiten musste und warum er aus dieser

Zwickmühle eigentlich nicht heraus könne. Nach einigen Sitzungen, als er sich für andere Gedanken öffnete, wurde klar, dass er in seiner Berufswahl dem Wunsch seines Vaters gefolgt war. Er selber hätte für sich einen anderen Lebensweg gewünscht. Dies hatte zur Folge, dass er jahrelang nicht nur im Job, sondern auch gegen sich selbst und seine Begabung kämpfte. Eines Tages war der Akku leer. Ermutigt durch unsere Gespräche, schlug er ab diesem Zeitpunkt konsequent einen neuen Lebensweg ein. Er machte sich mit dem selbstständig, was schon immer sein heimlicher Wunsch gewesen war. Am Anfang stieß er auf sehr viel Unverständnis und Widerwillen, da er nun nicht mehr in das Muster und die Vorstellung der anderen passte. Doch nach einiger Zeit mussten alle zugeben, dass es ihm nicht nur wesentlich besser ging und er täglich an Ausstrahlung gewann, sondern dass er in seiner neuen Tätigkeit auch noch äußerst erfolgreich war.

Übung: Trainieren Sie Ihre Vorstellungskraft

Bitte stellen Sie sich einen perfekten Frühlingstag vor. Nehmen Sie nun Buntstifte und ein Blatt Papier zur Hand und malen Sie ein Bild, wo Sie sich selber an solch einem Tag sehen. Wer ist um Sie herum? Sind Sie in Ihrem eigenen Haus oder in einem neuen Sportwagen unterwegs? Sind Sie auf diesem Bild mit vielen Freunden zu sehen oder in einem schicken Büro, in dem Sie Karriere machen? Malen Sie das, was Ihnen Ihr erster Impuls vorgibt. Sie werden überrascht sein!

Eine Freundin hat vor Kurzem diese Übung gemacht. Seit sie 16 Jahre alt ist, führt sie durchweg Beziehungen. Vor nicht allzu langer Zeit hat sie sich von ihrem letzten Partner getrennt. Wie nicht anders zu erwarten, steht schon wieder eine Schlange mit Verehrern vor der Tür. Als sie nun ihr perfektes Bild betrachtete, musste sie plötzlich feststellen, dass in diesem Bild und Lebenskonzept kein Mann vorkam. Sie hatte schlichtweg vergessen, einen Partner mit aufzuzeichnen. Hier wurde ihr klar, dass ihr Lebensweg ab diesem Zeitpunkt vielleicht ein ganz anderer sein sollte. Manchmal brauchen wir solche Übungen, damit unser Unterbewusstsein uns zeigen kann, was wir wirklich wollen.

Positiv denken führt zum Erfolg

Positive Gedanken bewirken oft mehr als alle Worte. Genauso verhält es sich, wenn man im Geschäftsbereich darauf aus ist, „schnelle Geschäfte“ zu machen. Ihr Gegenüber wird merken, dass es hier nur ums Geld geht und nicht um das Wohl aller Beteiligten. Diese Eigenschaften sind häufig bei Versicherungsvertretern zu beobachten. Auch hier fragt sich mancher: „Warum ist XY so erfolgreich und ich nicht?“ Der Unterschied liegt genau darin, worauf Sie Ihren Fokus legen. Geht es Ihnen tatsächlich darum, für Ihre Kunden das Beste zu erreichen, oder steht im Vordergrund, möglichst schnell Provisionen zu erwirtschaften? Wenn Sie auf Dauer versuchen, wirklich nur das Beste für jeden zu wollen, und dabei eventuell auf das eine oder andere Geschäft zu verzichten, so ist Ihnen garantiert, dass Sie weiterempfohlen werden und mit Sicherheit auf Dauer ein seriöses und gutes Unternehmen aufbauen. Das Beispiel des Versicherungsvertreters kann man beliebig auf alle anderen Bereiche ausdehnen. Überlegen Sie sich immer, wie man mit Ihnen am liebsten umgehen möge, und behandeln Sie genau so Ihre Mitmenschen. Es ist die „Gesamtenergie“, die zum Erfolg oder zum Misserfolg eines Unternehmens führt. Sind die Mitarbeiter vorwiegend positiv, so werden Sie unweigerlich Erfolg haben. Schleichen sich jedoch mehr destruktive Gedanken ein, wird der Erfolg zwangsläufig ausbleiben.

Übung: Ihr Plan

Legen Sie sich einen genauen Plan zurecht, was Sie beruflich in den nächsten zwei Jahren erreichen wollen. Schreiben Sie sich Zwischenziele auf. Überlegen Sie, was Sie gerne alles tun würden. Alles ist erlaubt, solange Sie anderen Menschen nicht Schaden zufügen. Ihrer Fantasie sind keine Grenzen gesetzt. Überprüfen Sie nun, ob diese Schritte für Sie realisierbar sind. Starten Sie sofort und überprüfen Sie immer wieder, ob die Ziele mit Ihren Wünschen noch übereinstimmen. Nehmen Sie sich genug Zeit, um festzustellen, dass Ihre Ziele auch wirklich Ihrem Inneren entsprechen. Tun Sie nichts, was vermeintlich nur die anderen beeindruckt. In den Coachings hören wir oft den Satz: „Ich werde den anderen schon zeigen, was ich alles kann.“ Diese Einstellung ist auf jeden Fall die falsche. Es geht nicht darum, was andere sehen, sondern es geht nur um Ihr eigenes Leben. Nichts, was ein anderer erwartet, könnte wichtiger sein als Ihr persönliches Lebensglück. Machen Sie sich also unabhängig von der Meinung anderer.

Vor einigen Jahren gab es einen sehr erfolgreichen Finanzmanager in einem Unternehmen, in dem wir Coachings durchführten. Wir waren immer erstaunt, wie er es schaffte, so enorme Umsätze zu generieren. Nach außen hin machte er einen loyalen und freundlichen Eindruck. Einige Zeit später wurde bekannt, dass dieser junge und dynamisch wirkende Manager es tatsächlich nur auf das schnelle Geld abgesehen hatte. Er brachte viele seiner Kunden um ihr gesamtes Vermögen. Eine der betrogenen Personen – merke: „Alles, was wir herausgeben, kommt zurück" – gab dem Finanzamt einen Tipp. In kürzester Zeit verlor dieser Finanzmanager nicht nur seinen Job und sein Ansehen, sondern sein gesamtes Hab und Gut. Man konnte ihm nachweisen, dass er einen Großteil seiner Anleger geprellt und betrogen hatte. Selbst seine Frau leidet heute noch unter den Auswirkungen. Sie verloren ihr Haus, ihre Freunde – und er ist heute flüchtig. Das war definitiv die falsche Vorgehensweise. Hätte dieser junge Mann seine Talente, die er unumstritten hatte, im Positiven genutzt, wäre er heute noch ein erfolgreicher Finanzberater.

Eine Kollegin, die früher als Krankenschwester tätig war, wollte ihren ursprünglichen Beruf schon lange nicht mehr ausüben. Sie hatte keine Freude mehr daran, hinzu kam, dass sie zunehmend gesundheitliche Probleme bekam. Zum Entsetzen ihres gesamten Umfeldes kündigte sie eines Tages ihren sicheren Job, um sich als Beraterin selbstständig zu machen. Genügend Lebenserfahrung hatte sie ja in den Jahren im Krankenhaus gesammelt. Dies war wirtschaftlich ein sehr gewagter Schritt, da sie quasi ohne finanzielles Polster nicht nur sich, sondern auch ihren kleinen Sohn durchbringen musste. Ihre herausragendste Charaktereigenschaft ist es, an sich selbst zu glauben und anderen Menschen jederzeit ein positives Gefühl zu vermitteln. So ließ der Erfolg nicht lange auf sich warten. Ihre Klienten fühlten sich von ihr verstanden und hatten das Gefühl, in ihr eine ehrliche und faire Beraterin gefunden zu haben. Seit dem Beginn ihrer Selbstständigkeit berät sie nun Menschen in schwierigen Lagen mit zunehmendem Erfolg.

Bitte lassen Sie sich nicht zu sehr durch die beruflichen Erfolgsgeschichten anderer „verleiten" und beeinflussen. Wenn es Ihre Priorität ist, im Leben eine ganz besonders gute Hausfrau und Mutter zu sein, so ist das mindestens so viel wert wie die Leistung eines Topmanagers. Genauso kann es sein, dass Ihre Begabung im künstlerischen Bereich liegt oder aber dass Sie ganz besonders gut musizieren können. Jedes einzelne Talent ist so viel wert wie ein anderes. Folgen Sie also sich selbst. Wie viele Menschen sagen immer wieder leichtfertig, dass sie aus ihrem Leben heraus viel Stoff für ein Buch hätten. Trauen Sie sich, setzen Sie es einfach um. Keiner wird Ihnen das Schreiben verbieten. Wenn es etwas gibt, was Sie zu sagen haben, wird es auch ganz bestimmt eine Leserschaft finden. Wenn Sie mit dem ersten Schritt begonnen haben, fällt es leicht, weiterzumachen.

DAS LEBEN MACHT SPASS! Beginnen Sie jetzt!

Der Weg zum Glück

„Halte jeglichen Hass von deinem Herzen fern.
Halte Sorgen von deiner Seele fern.
Lebe einfach, erwarte wenig, gib viel.
Fülle dein Leben mit Liebe aus.
Verbreite Fröhlichkeit.
Vergiss dich selbst, denke an andere.
Tu, wie du möchtest, dass man dir tue.
Probiere das eine Woche aus, und du wirst staunen.“

Norman Vincent Peale (1898 – 1993),
US-amerikanischer Pfarrer und Autor

7. Schritt: Wie Sie die Theorie in die Praxis umsetzen

„Es gibt überall Blumen für den, der sie sehen will."
Henri Matisse (1869 – 1954),
französischer Maler, Grafiker,
Zeichner und Bildhauer

Neue Gewohnheiten verankern

Die Theorie ist das eine, die Praxis das andere. Das Sprichwort „Nur Übung macht den Meister" gilt auch bei dem Thema, mit dem sich dieses Buch beschäftigt. Und „über Nacht" fällt nun einmal kein Meister vom Himmel. Tatsächlich ist es so, dass das Unterbewusstsein Zeit benötigt, um neue Gewohnheiten dauerhaft zu verankern. Die nachfolgenden Übungen können zum einen schriftlich festgehalten werden, zugleich sollten Sie aber auch schon damit beginnen, Ihre guten Vorsätze in die Tat umzusetzen. Wagen Sie nicht alles auf einmal und setzen Sie sich nicht unter Druck – kleine, beständige Schritte führen zuverlässiger zum Erfolg als der eine große Sprung, mit dem man sich oftmals zu viel zumutet.

Sie können diese Übungen beliebig oft wiederholen. Scheuen Sie sich nicht – nachdem Sie Tag 16 absolviert haben –, wieder bei Tag 1 anzufangen. Alternativ können Sie auch nur diejenigen Übungen, die Ihnen besonders schwer gefallen sind, erneut durchführen.

Ein Wegweiser

„Achte auf deine Gedanken,
denn sie werden zu Worten.
Achte auf deine Worte,
denn sie werden zu Handlungen.
Achte auf deine Handlungen,
denn sie werden zu Gewohnheiten.
Achte auf deine Gewohnheiten,
denn sie werden dein Charakter.
Achte auf deinen Charakter,
denn er wird dein Schicksal."

(Aus dem Talmud)

Tag 1: Wie Sie Authentizität entwickeln

Authentizität erzeugt Vertrauen. Wer echt ist, ist auch beständig und traut sich, für seine Meinung einzustehen. Notieren Sie hier drei Situationen, in denen Sie in der Vergangenheit von Ihrer Meinung abgewichen sind. Es darf sich um ganz normale Alltagssituationen handeln: Gehen Sie lieber italienisch essen, aber ihr Partner bevorzugt die deutsche Küche? Machen Sie gern Städtereisen, landen aber immer wieder am Strand? Formulieren Sie anschließend in schriftlicher Form, wie Sie Ihren Standpunkt künftig vertreten wollen und argumentieren werden. Vergegenwärtigen Sie sich, dass Sie das Recht auf eine eigene Meinung haben. Meist liegt ein Kompromiss eben in der Mitte zwischen den Extremen: Sie können eine Städtereise auch mit einem Strandurlaub verbinden. Oder in ein Lokal gehen, in dem international gekocht wird. Seinen Standpunkt zu vertreten bedeutet nicht, sich mit dem Gegenüber streiten zu müssen. Es bedeutet nur, für seine Interessen einzustehen und diese dem anderen deutlich zu machen.

Tag 2:
Wie Sie Sympathien wecken

Wir mögen Menschen, die uns ähnlich sind. Das gibt uns Sicherheit. Uns ist dann so, als würden wir unser Gegenüber fast so gut kennen wie uns selbst. Ähnlichkeiten können in Kleidung und Körpersprache oder auch in der gesprochenen Sprache liegen. Notieren Sie sich drei Punkte, auf die Sie in Zukunft bei Ihrem Gesprächspartner besonders achten wollen. So zum Beispiel seine Gestik, seine Kopfhaltung, die Art und Weise, wie er die Beine übereinanderschlägt oder welche Worte er häufig verwendet. Trainieren Sie Ihre Aufmerksamkeit für Ihre Gesprächspartner und spiegeln Sie deren Verhalten, indem Sie beispielsweise ab und an die gleiche Körperhaltung einnehmen, ohne den anderen komplett nachzuahmen.

Tag 3: Machen Sie Komplimente!

„Hübsches Kleid!“ Wir machen leider viel zu wenige Komplimente. Doch solche freundlichen Worte der Bewunderung erhalten die Freundschaft. Achten Sie darauf, bei Komplimenten Berufliches von Privatem zu trennen. Im Job empfehlen sich Komplimente zum Thema „Tolle Präsentation“, „Gut formuliert“ und einfach alles, was aus dem beruflichen Kontext hervorgeht. Im privaten Rahmen sind dagegen persönliche Komplimente erlaubt: „Schönes Kleid!“, „Die Farbe steht dir prima!“ oder „Du siehst heute besonders frisch und erholt aus“. Achten Sie darauf, dass Ihre Komplimente echt sind und von Herzen kommen. Ihr Gegenüber merkt es schnell, wenn Sie nur etwas gesagt haben, um mal eben „nett“ zu sein – so ein „falsches“ Kompliment kommt jedoch schlecht an. Es macht Sie unglaubwürdig und lässt Sie als jemanden dastehen, der es nicht ehrlich mit den Menschen meint. Erinnern Sie sich, wann Sie zuletzt ein tolles Kompliment gemacht haben? Und erinnern Sie sich, wann Sie zuletzt ein charmantes Kompliment geerntet haben? Dann wissen Sie ja sicher noch, wie gut das tut. Notieren Sie sich hier drei Komplimente, die Sie drei Mitmenschen schon längst einmal sagen wollten:

Tag 4:
Schenken Sie Vertrauen

Manche Menschen ziehen andere Menschen magisch an. Doch nicht nur das: Häufig sind diese Personen auch besonders gut darüber informiert, wie es ihren Freunden und Bekannten geht. Zum einen ist das der Fall, weil sie ihrem Umfeld echte und ungeteilte Aufmerksamkeit schenken. Zum anderen gehen sie selbst in Vorleistung und vertrauen ihrerseits ihrem Umfeld etwas an. Auf einer Party können Sie zum Beispiel „beichten", dass Sie heute besser keinen Alkohol trinken, weil Sie gestern ein wenig zu tief ins Glas geschaut haben. Oder dass Sie ein solches Essen selbst nicht hinbekommen würden, weil Sie ein unbegnadeter Koch sind. Geständnisse stellen Nähe her, weil sie Emotionen aktivieren. Gerade weil sich die meisten Menschen bemerkenswert viel Mühe damit geben, von ihren Mitmenschen als perfekt eingestuft zu werden, machen kleine Unzulänglichkeiten sympathisch. Noch dazu geben Sie dem Gegenüber das beruhigende Signal, er könne er selbst sein. Welche drei harmlosen „unzulänglichen" Seiten haben Sie, die Sie anderen anvertrauen und mit denen Sie Ihren Mitmenschen die Angst vor Perfektion nehmen können?

Tag 5: Schau mir in die Augen

Ein Blick sagt mehr als tausend Worte... Notieren Sie sich drei Situationen, in denen Sie künftig beim Betreten eines Raums ganz bewusst Blickkontakt mit allen Anwesenden aufnehmen möchten, um dadurch mehr Wirkung zu erzielen. Ist es der nächste Restaurantbesuch? Oder das kommende Meeting? Oder die Warteschlange an der Supermarktkasse? Es fällt uns oft schwer, unseren Mitmenschen in die Augen zu sehen, wenn wir uns unter Fremden befinden. Ändern Sie das!

Tag 6: Wie Ihr Lächeln Berge versetzt

Blickkontakt allein ist nur die halbe Miete. Damit Ihr Umfeld weiß, dass Sie ihm wohlgesinnt sind, gehört ein Lächeln unbedingt dazu. Ein echtes Lächeln, das von Herzen kommt, dauert länger an als ein nur aufgesetztes Schmunzeln und zeigt sich bis zur Augenpartie. In welchen drei weiteren Situationen werden Sie Ihr Umfeld künftig durch ein bezauberndes Lächeln begeistern?

Tag 7: Lassen Sie Ihren Körper sprechen

Körpersprache ist verräterisch. Reflektieren Sie Ihre eigene Körperhaltung und notieren Sie drei verbesserungswürdige Punkte. Nehmen Sie häufig eine geschlossene Haltung ein, indem Sie die Arme vor dem Oberkörper verschränken? Lehnen Sie sich Ihrem Gegenüber im Gespräch nicht entgegen und lassen sich dadurch die Gelegenheit entgehen, Ihre volle Aufmerksamkeit zu demonstrieren? „Verstecken" Sie Hände gern in den Hosentaschen?

Tag 8: Suchen Sie das Gespräch

Wer auf andere zugehen und sich unterhalten kann, der gilt als sozial kompetent, selbstbewusst, interessiert und verfügt innerhalb kürzester Zeit über die besten Netzwerke. Die meisten Menschen sagen, dass Ihnen der Smalltalk schwerfällt. Lassen Sie das nicht als Argument gelten, um sich diesem zu entziehen. Ergreifen Sie die Initiative und gehen Sie auf Mitmenschen zu. Warten Sie nicht, bis Sie selbst angesprochen werden. Als Anknüpfungspunkte eignen sich Gemeinsamkeiten wie der Ort der Veranstaltung, gemeinsame Bekannte oder Kinder. Achten Sie darauf, sich mit Ihren Wortbeiträgen nicht zu kurz zu halten. Greifen Sie jedes Thema auf, das zur Sprache kommt, und gehen Sie darauf ein: sei es der Skiurlaub, das Wetter, die Umgebung oder die Pläne fürs Wochenende. Löchern Sie den anderen außerdem nicht mit einem Fragenkatalog, sondern geben Sie auch etwas von sich preis. Erzählen Sie zuerst von sich, bevor Sie fragen! Notieren Sie sich hier einen möglichen Smalltalk-Dialog, der zum Beispiel mit der Frage „Wie geht es dir?“ beginnen könnte ...

Tag 9: Steuern Sie Ihre Gedanken

Versuchen Sie eine Woche lang, in jedem Menschen, dem Sie begegnen, etwas Positives zu sehen. Machen Sie dasselbe mit Ereignissen und Projekten. Versuchen Sie, allem etwas Gutes abzugewinnen. Vergleichen Sie, wie Sie sich in dieser Woche im Vergleich zu Ihrem sonstigen Leben fühlen. Sie werden sehen, dass es Ihnen wesentlich besser geht. Bitte notieren Sie abends die wichtigsten positiven Erlebnisse und Begegnungen, die Sie an diesem Tag hatten:

Tag 10: Entledigen Sie sich Ihrer (Geld-) Sorgen

Nehmen Sie sich täglich fünf Minuten Zeit und stellen Sie sich vor, Sie hätten das, was Sie haben möchten, schon erreicht. So zum Beispiel materiellen Wohlstand. Wenn Sie sich also nichts sehnlicher wünschen, als einen Porsche zu fahren, dann stellen Sie sich bildhaft vor, wie Sie genau mit diesem Gefährt auf den Straßen unterwegs sind. Wenn es um das Haus Ihrer Träume geht, so richten Sie es gedanklich ein. Führen Sie diese Übung mit all Ihren Wünschen durch. Nehmen Sie Farbstifte zur Hand und malen Sie von dem, was Sie haben möchten, ein Bild. Idealerweise kleben Sie noch ein Foto von sich selbst mit auf. Beispiel: Sie malen Ihr Traumhaus und kleben Ihr Bild in eines der Fenster, sodass Ihr Unterbewusstsein Sie mit dem Traumhaus in Verbindung bringt.

Tag 11: Nehmen Sie sich Zeit

Nehmen Sie sich einen Abend Zeit und setzen Sie sich mit Ihren Zielen auseinander. Nehmen Sie sich das wichtigste Ziel vor und halten Sie schriftlich den Weg dorthin fest. Wenn Sie zum Beispiel einen Laden eröffnen wollen, denken Sie nicht nur über das Produkt nach, sondern zum Beispiel auch über die Lage des Ladenlokals. Setzen Sie sich mit jedem Detail auseinander. Notieren Sie hier Ihre Überlegungen, gehen Sie nach Prioritäten vor und lassen Sie keinen Schritt aus:

Tag 12: Kommen Sie schädlichen Glaubenssätzen auf die Schliche

Schreiben Sie Glaubenssätze auf, die Ihnen im Leben Probleme bereiten. Das können Sätze sein wie: „Ich bin es nicht wert, im Beruf anerkannt zu werden." „Meine Ziele lassen sich nur schwer erreichen." „Ich muss für alles härter arbeiten als andere." „Andere sind glücklicher als ich."

Wandeln Sie in einem zweiten Schritt die negativen Glaubenssätze schriftlich in positive Aussagen um. Aus „Ich bin es nicht wert, im Beruf anerkannt zu werden" wird zum Beispiel: „Ich bin es wert, im Beruf anerkannt zu sein." Streichen Sie die schädlichen Glaubenssätze danach so dick durch, dass Sie diese nicht mehr lesen können. Sprechen Sie sich die positiven Sätze täglich dreimal vor – mindestens 21 Tage lang. Unser Unterbewusstsein braucht nämlich so lange, um alte Muster zu wandeln. Wenn Sie das Gefühl haben, die Sätze noch länger sprechen zu wollen, so tun Sie das. Sollten Sie innerhalb des Drei-Wochen-Zeitraums vergessen, Ihre Sätze zu sagen, so ist es ratsam, von vorne zu beginnen.

Tag 13: Bringen Sie die Dinge zur Sprache, die Ihnen am Herzen liegen

Um gegenüber anderen Menschen authentisch zu wirken, ist es wichtig, auch Dinge auszusprechen, die unbequem sind. Nehmen Sie sich also ein bisschen Zeit und schreiben Sie all die Dinge auf, die mit Blick auf Ihre Verwandten, Kollegen, Freunde noch ungeklärt sind. Versuchen Sie nun, diese Punkte auf eine positive Art und Weise zu klären. Sprechen Sie die Punkte in der Ich-Perspektive an, indem Sie schildern, wie Sie sich fühlen, wie Sie etwas einschätzen oder was Ihnen nicht gefällt. So geben Sie dem anderen die Möglichkeit, Ihnen eine Sichtweise aufzuzeigen, die Ihnen vorher vielleicht nicht bewusst war, ohne dass sich Ihr Gegenüber rechtfertigen muss. Gleichzeitig nehmen Sie für sich in Anspruch, dass Ihre Gefühle wichtig sind und gehört werden müssen. Notieren Sie im Folgenden die offenen Punkte – und wie Sie diese zur Sprache bringen wollen:

Tag 14: Klären Sie Ihre Erwartungshaltung

Machen Sie diese Übung, wenn Sie eine wichtige Verabredung oder ein „Date“ hinter sich haben. Schreiben Sie auf, inwieweit Ihre Erwartungen erfüllt wurden und ob sich die Eigenschaften dieser Person mit Ihren Wünschen decken. Lassen Sie sich nicht verleiten, einen Menschen nur aus Gründen der Einsamkeit in Ihr Leben zu lassen. Es lohnt sich, genauer hinzusehen. Wenn Sie es ganz genau wissen wollen, erstellen Sie eine Pro- und Contra-Liste, aber bitte ohne den anderen überkritisch zu betrachten:

Tag 15: Gleichen Sie ab

Nehmen Sie sich dasjenige geistige Gesetz vor, das für Sie persönlich das wichtigste ist. Schreiben Sie sich täglich Ihre wichtigsten Erlebnisse auf und gleichen Sie diese mit diesem Gesetz ab. Wenn Sie Lust und Muße haben, können Sie Woche für Woche mit einem der geistigen Gesetze arbeiten:

Tag 16: Stärken Sie die Vorstellung über sich selbst

Überlegen Sie sich, was Sie in der Zukunft ausstrahlen möchten. Möchten Sie zum Beispiel souveräner wirken, so ist es wichtig, sich aufzuschreiben, in welchen Punkten Ihre Souveränität noch gestärkt werden kann. Stellen Sie sich vor, Sie müssen eine Rede halten: Wie möchten Sie auf Ihr Publikum wirken? Oder malen Sie sich aus, Sie sitzen bei Freunden am Küchentisch: Wie möchten Sie wirken, welche Ausstrahlung möchten Sie besitzen? Hängen Ihnen Ihre Freunde an den Lippen, weil Sie Spannendes zu erzählen haben? Malen Sie sich dieses Bild gedanklich so genau wie möglich aus und notieren Sie hier fünf Punkte, in denen Sie Ihre Wirkung optimieren möchten:

Über die Autorinnen

Carolin Lüdemann ist Juristin, ausgebildeter Business-Coach und „eine von Deutschlands gefragtesten Karriereberaterinnen" (Sat.1). Ihre Vorträge und Seminare - praxisnah, lebendig und durch namhafte Referenzen ausgezeichnet - sind regelmäßig ausgebucht und unterstützen den Einzelnen dabei, die Wirkung auf seine Mitmenschen signifikant zu erhöhen. Carolin Lüdemann ist Mitglied des Deutschen Knigge-Rats und spricht Empfehlungen für das stilgerechte und zeitgemäße Miteinander aus. Als Karriereexpertin bei den TV-Sendern N24 und Sat.1 sowie anderen bekannten Medien wie beispielsweise SWR Funk und Fernsehen, Süddeutsche Zeitung und Die Welt ist sie regelmäßig für eine breite Öffentlichkeit präsent. An ihren Trainings nehmen Top-Manager sowie High Potentials aus Industrie, Beratung und Verbänden teil.

Weitere Informationen zur Autorin:
www.carolin-luedemann.de

Kathrin Emely Springer ist Diplom-Psychologin und Kinesiologin. Nach ihrem Psychologie-Studium und einer Sprachenausbildung in Italien und den USA hat sie Fortbildungen in innovativen Methoden der Psychologie und der Psychotherapie absolviert. Zu den Klienten ihres Stuttgarter Instituts, in dem die Personaltrainerin sehr erfolgreich Führungscoaching, Personal-Strategieberatung und die Entwicklung, Durchführung und Bewertung von Konfliktbewältigungs- und Kriseninterventionsprogrammen anbietet, zählen u. a. mittelständische und große Unternehmen sowie Leistungssportler.

Weitere Informationen zur Autorin:
www.kathrinspringer.de

Haben Sie Fragen an Kathrin Springer und Carolin Lüdemann?
Anregungen zum Buch?
Erfahrungen, die Sie mit anderen teilen möchten?

Nutzen Sie unser Internetforum:
www.mankau-verlag.de/forum

Literaturverzeichnis

Birkenbihl, Vera F.: „Stroh im Kopf“, Gabal 1983

Canfield, Jack/Hansen, Mark Victor: „Hühnersuppe für die Seele – Geschichten, die das Herz erwärmen“, Goldmann Arkana, München 1996

Cialdini, Robert B.: „Die Psychologie des Überzeugens“, Verlag Hans Huber, CH-Bern 2001

Egli, René: „Das LOL2A-Prinzip“, Editions d’Olt, CH-Oetwil 2000

Ekman, Paul: „Gefühle lesen“, Spektrum, Heidelberg 2010

Gladwell, Malcolm: „Was der Hund sah“, campus, Frankfurt 2010

Werle, Klaus: „Die Perfektionierer“, campus, Frankfurt 2010

Wirth, Bernhard P.: „Alles über Menschenkenntnis, Charakterkunde und Körpersprache“, mvg-Verlag 2003